मन की गूंज

आत्मबोध के मेरे अनुभव

राकेश मोहन शर्मा

BookLeaf Publishing
India | USA | UK

Dedication

मेरी यह रचना हृदय से समर्पित है,
स्वत्व-बोध के ज्वलंत साकार रूप
परम-पूज्य गुरुदेव
परमहंस योगानंद जी के चरणों में
सादर नमन के साथ।

Preface

आदि काल से सैल्फ़-रियलाइज़ेशन या आत्म-बोध हमेशा से ही मानव जीवन की परम् आवश्यकता बताई गई है। परन्तु सभ्यता के क्रमशः विकास की अन्धी धुन में मानव इस ओर सोचना ही भूल सा गया और वास्तविक जीवन-तत्व से इस क़दर विमुख होता चला गया कि समस्त भौतिक सम्पदायें ही परम् आवश्यकतायें महसूस होने लगीं और सैल्फ-रियलाइज़ेशन के नाम पर वह स्वयं को अजर-अमर समझने लग गया।

इस परिस्थिति में वस्तु-स्थिति का मनन कर पाने पर एक महत्वपूर्ण बोध यह हुआ कि मानव-मस्तिष्क यदि फुरसत निकाल कर सोचने की कोशिश करे तो आसमान भी सीमा नहीं हो सकता। शायद इसी मस्तिष्कीय निरंकुश स्वतंत्रता के कारण सारे आध्यात्मिक अन्वेषण प्राचीन भारत में और सारे तकनीकी अन्वेषण पाश्चात्य देशों में ही हो पाये।

कुछ भी मनन करने के लिए दो अति-महत्वपूर्ण बातों की आवश्यकता होती है; प्रथमतः परम्-ज्योति-पुंज की एक किरण का अपने मन-मस्तिष्क में अवतरण और द्वितीय अपने सामने के धरातल पर घटित होती अवस्थाओं के प्रति अपनी सच्ची सम्वेदना, ताकि मनन-कर्ता उस किरण व घटना के बीच कनेक्शन कर के योग-कारक साधन-उपकरण बन सके।

इतिहास गवाह है कि जब-जब भी इन्सान ने अपने पूर्वजों के लाखों-करोड़ों वर्षों के अनुभवों के निचोड़ों को नज़रअंदाज़ करके अपने स्वयं के नये चक्र का अन्वेषण करने का प्रयास किया है, तब-तब दो बातें हुई हैं; एक तो अपने जीवन का अनमोल समय उस पहले से ही

अनुभूत अन्वेषण को अनावश्यक रूप से पुनः खोजने में वृथा गंवाया है, दूसरे हर उस नये प्रयोग में मुंह की खाई है।

फ़िर तो नानी-दादी की सब बातें याद आ जाती हैं, और एहसास हो जाता है कि उन सब भौतिक सम्पदाओं के बग़ैर भी जीवन चलता है; अपेक्षाकृत ज़्यादा अच्छा चलता है।

माया की अंधी दौड़ के बदले ईश्वर-प्रदत्त प्राकृतिक वस्तुनिष्ठ होकर कम-से-कम में संतोष पूर्वक जीना और आवश्यकता से अधिक को ज़रूरत-मंदों में बांटने की खुशी का एहसास ले पाना ही सच्चा जीवन है, वरना तो माया-कांचन संग्रहण की सीमा अनन्त है, जो बदले में केवल दुःख व भयाक्रांतता के अलावा कुच्छ नहीं देती.....सब यहीं छोड़कर जाना होता है और इस सबमें लगा मानव उससे विलग रह जाता है; जो साथ ले जाना है।

मनन करने के लिए तो ख़ुद को व परिवार-जनों को थोड़ा ग़ौर से देखने के इतर, अगर फ़्लैट की बालकनी में और उससे बाहर झांकें तो भाव-पुंज को जागृत करने हेतु संग्रहणीय बहुत सामग्री मिल जाती है। ज़िन्दगी एक माला-श्रृंखला है; छोटे-छोटे चमत्कारों की। ध्यान से नोटिस करो और बहुत कुछ पाते चले जाओ।

सोच भले नयी रखो, पर संस्कार पुराने ही अच्छे हैं।

इसी 'मन की गूंज' के आत्म-बोध के मेरे अनुभवों के संकलन में कुछ वो एहसास भी दर्ज कर रहा हूं, जो कोरोना-काल में हुई त्रासद घटनाओं के तहत मन-मस्तिष्क में मुखर हुए। आशा करता हूं कि यदि फ़िर से मानव लौकिकता में पहले की तरह अति-व्यस्त हो कर पुनः जीवन का असली ध्येय भूल जाये, तो समस्त शास्त्र-समुद्र में गोते खाने के कष्ट से बच कर इसमें सिर्फ एक छोटी डुबकी लगाकर परिष्कृत हो पायेगा।

– राकेश मोहन शर्मा

21 सितम्बर 2024

Acknowledgements

सर्वप्रथम मैं अपने गुरुदेव व परमपिता परमेश्वर के लिए कृतज्ञ हूं, जिनकी महती कृपा और आशीर्वाद से मैं इस पथ पर चलने को उद्यत हुआ।

मैं अपने परिवार के प्रति हार्दिक आभार व्यक्त करना चाहूँगा जो इस पुस्तक के लिए मेरी प्रेरणा का स्रोत बना।

मैं मेरी सहगामिनी धर्मपत्नी रंजना के अनुपम सहयोग के लिए धन्यवाद देना चाहता हूँ, जिसके बिना यह संभव न हो पाता।

फ़िर मैं आभारी हूं अपनी दोनों पुत्रियों : राजिता और ऋतिका का, जिन्होंने मेरी क्षमताओं पर दृढ़ विश्वास रखा तथा हमेशा मेरा भरपूर प्रोत्साहन किया।

और मैं अवश्य धन्यवाद करना चाहूंगा मेरी प्यारी डॉग 'पोगो' का भी, जिसने अपने शर्तरहित प्यार से घर भर दिया और मेरे लेखन की प्रथम प्रेरणास्रोत बनी।

बांटने की खुशी

खुश करते करते तुझको,
ख़ुद ख़ुशी कितनी मैं पा गया।
एक क़तरा मेरे हाथ में भी रह गया,
जो इत्र मैं तुझ पे लुटा गया।

दुःख दिया कभी किसी को जो,
ख़ुद मैं दुःखों में नहा गया।
उठे रह गये हाथ उसके असलाह भरे,
समर्पण मेरे दंभ का जब प्रकटा गया।

बात ये ही क़ामिल है,
हर रिश्ते में, घर-परिवार में,
समाज में ही नहीं,
आरती-भोग भगवान का भी
सिर्फ़ यही जतला गया।

ना हो यकीं तो आज़मा के देख लो,
कोई भूखा आज जिमा के देख लो,
पेट उसका भरेगा, देगा दिल की दुआएं,
और तृप्त अपनी आत्मा हो जायेगी।

किसी ग़रीब के बच्चे को पिला के देखो,
दूध का एक गिलास।
मां-बाप-बच्चे की आत्माओं से निकली,
आसीसों के भंडार।
कर ना दें तुम्हारे अन्तर्तम-मन को,
आशीर्वादों की बरसात से सराबोर,
तो कहना !

लाली देखने मैं गया,
हो के लाल ख़ुद रह गया।
ख़ुश करते करते तुझको,
ख़ुद ख़ुशी कितनी मैं पा गया।
एक क़तरा मेरे हाथ में भी रह गया,
जो इत्र मैं तुझ पे लुटा गया !!!

ओवरकोट

गर्म तो है कोज़ी कोज़ी सा भी !
पर ठंडी सर्दियों में दिन भर
टांगे टांगे कंधों पे इसको,
बुरी तरह थक गया हूं मैं।

फ़िर कभी बटन टूटा,
कभी उधड़ा कुहनियों से,
कई-कई बार रफू कराया,
मैला हो जाता है तो
कितनी बार ड्राइक्लीन कराता हूं !

पर सारे झमेलों-बोझ्झों के बावजूद,
प्रिय कितना है मेरा ओवरकोट !
मुझे प्रोटेक्ट करता है
ठंडी सर्द हवाओं से।

ओवरकोट ना हुआ बाप है मेरा !
बूढ़ा-बीमार है तो क्या हुआ,
बार-बार इलाज के लिए जाता है,
तो क्या हुआ !

ज़रा सा 'क्रैंकी' है,
तो क्या हुआ !

ओवरकोट बन के,
ज़िन्दगी की सर्द ठंडियों से
बचाता तो है हरदम !
बाप मेरा ओवरकोट है।
कोज़ी कोज़ी सा भी है, गर्म भी है !
तो क्या ! दिल का बड़ा नर्म भी है।

वो रोटियां बनाती...

बरबस आते हैं याद वो दिन,
घूमते-फिरते, कितने थे हम मस्त !
कभी किसी बात से,
होते ना थे
त्रस्त।
जब शुरु किया परिवार;
खुशियों का था ना पारावार।

"बरसों बीते एक ही 'रट' में,
तंग बहुत आ गई हूं मैं।
हर रोज़ सुबह आंख खुलते ही,
सिर्फ़ एक ही ख़याल, बस एक ही !
कि आज है क्या बनाना,
नाश्ते में और लंच में क्या है खाना,
रात में तो बन पायेगी
बस; पुलाव या खिचड़ी,
क्योंकि रोज़ शाम तक
हो जाती हूं मैं,
बिल्कुल पस्त और चिढ़ी चिढ़ी।

क्यूं ऐसी सृष्टि बनाई हे विधाता !
क्या हो जाता गर,
इन्सान हर रोज़ नहीं खाता।
बनाने में घण्टों लगते हैं...
और खाने में पल भर ...
उगा उगा के थक चुके हैं
पसीनों में लथपथ वीर हलधर।
पर समझाती हूं मन को;
है सभी को जीवन में ज़रूरी ये ज़हर पीना !
हे भगवान ! कैसा वक्त ये आ गया,
खुशियों का वो पारावार
मेरे पसीने की बूंदों में समा गया।"

सब कुछ कह-कह कर भी,
फ़िर स्वतःस्फूर्त सी
किचन में वो घुस जाती।
ब्रेकफास्ट में पोहे-सैंडविच,
कभी सिवैयां, कभी परांठे,
सब कुछ बड़े जतन से बनाती।
सुबह से तैयारी करके...
कभी उबाल-मैश कर,
तो कभी भिगो के पानी में।
कभी स्वादिष्ट मटर-पनीर लंच में,
तो कभी राजमा-चावल के संग,
कटा अदरक-नींबू प्याली में।
और डिनर की बात करें तो,
चटखारे लेते रह जाते,

प्लेट दाल-पुलाव की और खिचड़ी वाली में।
सारे स्वाद समेट लेती है ...
एक छोटी सी थाली में...
थक-हार जब फुर्सत पाती;
यू-ट्यूब में मार के डुबकी
फ़िर अगले दिन को,
रेसिपी नई ढूंढ ले आती !

बीवी ने जो कुछ भी.. कभी भी बनाया है...
तुम बना ही नहीं पाओगे...
तुम्हें बस खाना दिखता है...
देख-देख बैंगन का भरता,
जीभ लरजती, मन फड़कता है।
क्या जानो तुम काम-बोझ से
कैसा तेज़, दिल उसका धड़कता है।
नहीं दीखती...
चिमनी, ए.सी. रहित किचन की गर्मी,
कनपटियों से कमर तक बहता पसीना,
हाथ में गरम तेल के छींटे,
कटने के निशान,
कमर का दर्द,
पैरों में सूजन,
सफ़ेद होते बाल..
कभी नहीं दिखते...
कभी तो ध्यान से देखो ना,
उसकी छोटी से रसोई में...
कोई दिखेगा तुम्हें,

जो बदल गया है इतने सालों में...
चश्मा लगाए, हाथ में अपनी करछी,
बेलन लिए जुटी होगी...
आज भी वही कर रही है..
जो कर रही थी वो पिछले चालीस सालों से,
और तुम्हें देखते ही पूछेगी...
"सोने ! और क्या चाहिए ?"...
'सोना' मैं हूं और खुद 'ख़ालिस चांदी' !
मालकिन है, समझती पर खुद को बांदी।
धर के गुत में चांदी की लकीरें मोटी,
सेक रही अनवरत युगों से वो रोटी,
वो गुत, जो कभी थी लम्बी काली चोटी,
रह गई पीछे, आगे जो आ गई सिर्फ़ दाल-रोटी।

कभी देखना उसके मन के कुछ अनकहे जज़्बात,
दबी हुई इच्छाएं, जो दिखती नहीं..
क्योंकि जो दिखती नहीं, उन्हें देखना और भी ज़्यादा ज़रूरी होता है...
क्योंकि जो दिखता है वही बिकता है,
जो नहीं दीखता,
बस वो मन में धीमे-धीमे सिकता है।

जब रसोई से निकलता हूं अपना खाना लेकर
कभी उसकी गैर मौजूदगी में...
तब बातें उसकी देतीं सोचने पे मजबूर कर ... क्योंकि सिर्फ़ खाना ही
नहीं बनाया है उसने,
इतने सालों में...
पूरा घर बनाया है

तुम्हें भी बनाया है...
पूरा परिवार बनाया है...
...ख़ुद को भुला के...
और याद है न...
बनाने में घण्टों लगते हैं..ख़तम एक बार में हो जाता है ...'कुछ भी'
पूरा घर बनाया है... दिन रात एक करके...
कभी बनाना लिस्ट;
और क्या क्या बनाया है बीवी ने...
बन नहीं पाएगी कोई लिस्ट।
कोशिश करना ..
कभी बन नहीं पाएगी
कभी बन ही नहीं पाएगी ....

इस सृष्टि में बाद ब्रह्म के,
केवल नारी को है सृजन-अधिकार।
शक्ति की अवतार है नारी,
धैर्य का है भंडार।
नारी बिना ये जग है नश्वर,
नारी है जीवन-आधार।
वो हर चीज़ डबल कर देती,
गुस्सा हो या प्यार !

क्या खूब लिखा जयशंकर प्रसाद ने 'कामायनी' में ......
"नारी ! तुम केवल श्रद्धा हो
विश्वास-रजत-नग पगतल में
पीयूष-स्रोत-सी बहा करो
जीवन के सुंदर समतल में"

मैं कहता, तुम यथार्थ हो, सर्वमान्य हो।
जैसी हो, ठीक वैसी हरपल में,
अमृत-झर सी बहती रहना,
करपृष्ठ हो या करतल में।

जीवन का पुण्य-स्वर्ग 'पुत्री'

पुत्र-मोह 'महाभारत' है !
धन्यवाद विपदाओं तुम को साधुवाद !
कि युगों युगों से आच्छादित मानव-मन से,
भ्रम का पर्दा हटा दिया।
अपने चिर-प्रतीक्षित अवतार से,
जाने क्या क्या सिखा दिया।

पुत्र-प्राप्ति व 'पुन्न-नरक' की संकल्पना,
साबित हुई इक बोगस परिकल्पना !
पुत्र को माना;
'त्राण-कर्ता; पुन्न-नरक से मात-पिता का',
रह गई यह संकल्पना,
केवल परिकल्पना !
पता चला जब पुत्री आई।

अन्वेषण जब किया तो पाया;
पुत्र में 'त्र' मतलब; 'एक त्राण-कर्ता' !
पर पुत्री में जब 'त्रि' आया;
तब पुत्री को पुत्र से 'त्रिगुणित' पाया !
'पुत्री पाना' मतलब अपना समरूप पाया।

कहा गया है; किसी घर में कन्या-जन्म,
गत-पुण्यों के फल से हो पाता है !
अहो सौभाग्य !!!
पुत्री ! देखता हूं जब भी तुमको,
अपना 'कल-आज-कल' दमक जाता है।
सूर्यकिरन बन आई जीवन में,
देख तुम्हें दिन मेरा चमक जाता है।

गिफ़्ट मिले बहुत जीवन में,
पर तुम सा कोई मूल्यवान ना पाया।
छद्मवेश में देवदूत का,
परम्-आशीष तुम्हीं से पाया।
कैसे भी हों,
पुत्र अक्सर जाते बदल,
पाकर पत्नी का संग।
पर नहीं बदलते ऐ 'जीवन-दोस्त' पुत्री,
तुम्हरे अनुपम मूल्यों के रंग।

अपने कल्पना लोक में।
क्या तुम समझते खुद को बहुत बड़ा ?
विचित्र व तुनक-मिजाज, गुनगुना???
ठहरो ज़रा, आने दो उसको !
देगी तुम्हें 'प्रसाद' दोगुना !!!

पुन्न-नरक तो देखा किसने !
पुण्य-स्वर्ग है मैंने देखा !!!

इस जीवन की विपदाओं में,
बीच 'पुन्न-नरक' औ' 'पुण्य-स्वर्ग के,
कैसे खिंच गई लक्ष्मण-रेखा !!!

बोलीं पुत्रियां "बैठो बस आप",
करो रैस्ट तुम माई-बाप।
काम करेंगे बस अब बच्चे !
हम देखेंगे बर्तन-भांडे,
साफ़-सफ़ाई पूरे घर की
और धुलाई खच्चा-खच्चे।

"कोई बात नहीं जो बन्द हो गया,
ए.सी. से आवाज़ थी आई।"
सो लेंगे हम फैन के नीचे,
आप चलो रूम-ए.सी.में,
पड़े रहो बस ओढ़ रजाई।
नींद खुले तो हमको बोलो,
सीढ़ी-सांप या लूडो खेलो।

पापा आप तो बस फ्रूट्स काटो,
करो प्रेस बस अपने कपड़े,
पूजा-चैंट करो और ज्ञान बांटो" !
मम्मा !
आप करो लेट के एक्सरसाइज़,
और मुटापा अपना छांटो !

ढेरों सब्ज़ी, फ्रूट्स, ग्रोसरी,
सैनेटाइज़ कर बच्चों ने, !
कितने ढंग से फ़्रिज में दी लगाई।
कभी खिलाया जामुन-गुलाब, मिल्ककेक,
कभी लड्डू कोकोनट
और जलेबी एक खिलाई,
कभी नई रेसिपी सेवरी,
गोल-गप्पों संग दही-पूरी बनाई...वाह !
क्या-क्या मौज कराई !!!
करने की काम जब कोशिश दिखलाई,
बड़े ज़ोर की झिड़की खाई।

'अपना सब-कुछ' भूल-भाल कर,
माई-बाप को बस निहाल कर,
काट दिये हैं बरस कितने यूं ही,
कर दी जीवन अपने के,
सुख-आराम की पूर्ण बिदाई।

बहुत हुआ अब 'अपना' सोचो !
प्रकृति-नियम से बंधी हुई है,
माई-बाप की जीवन-शाम।
बहुत पड़े हैं तुम्हरे काम,
जीवन बनाओ अपना भी स्वर्ग-पूर्ण।
मात-पिता का 'पुण्य-स्वर्ग' भी
हो पायेगा तभी सम्पूर्ण !
हो पायेगा तभी सम्पूर्ण !!!

उगते सूरज सा...

उगते सूरज सा निकला था,
ज़िन्दगी के सफ़र में मैं,
साथ तेरे।
घूमते घूमते गली गली देस देस
सांझ ढले यूं लगा एक शहादत
सी हो गई है।

चलते-चलते ये पता ही ना लगा,
अब ये कैसी आदत सी हो गई है,
मुहब्बत मेरी
ए हसीं ! तेरी इबादत सी हो गई है।

और तुझे तो लगता है
ये प्यार नहीं मतलब-परस्ती है !
शायद तू जानती नहीं,
मुझे भी नहीं पता,
ख़ुदा की दी जान मेरी,
किस बाबत हो गई है।

हो ना हो मानो के ना मानो,
जनम जनम का है ये बंधन,
अब के साथ ने पक्का किया एहसास
कि अब तो ये जोड़ी,
आगे फ़िर जन्मों तक सलामत हो गई।

अक्षय तृतीया के चांद सा मधुर
चेहरा है जनाब का बिलकुल,
लाखों सितारों की ना मानो ये
तो फ़िर तो आस्मां से ही बगावत हो गई।

मलामत हो गई, अदावत हो गई,
जो गये मान तो अदालत में ही दावत हो गई,
आज फ़िर से एक ख़ूनी शहादत हो गई।
उगते सूरज सा निकला था मैं।

तुम यायावर हो !

यायावर हो, मान लो तुम यायावर हो !
हर वक़्त इधर-उधर घूमते रहने वाले
घुमंतू !
जिसका न कोई थिर ठिकाना हो।
ऑथोराइज़ेशन की आशा लिए
कोई अनऑथोराइज़्ड कालोनी भी नहीं !

मेरा मन भी कोई होटल सा ही है,
जहां तुम ठहर सकते हो,
सिर्फ़ कुछ समय के लिये,
गैस्ट से बस !
पर 'पे' करवाओगे मुझसे ही,
और चले जाओगे, मालूम है मुझे !

क्यों आये तुम मेरे 'ध्यान' में ख़लल डालने !
अच्छे हो या खराब,
ओ मेरे मन-मस्तिष्क में चलते विचार !
शीघ्र तुम्हें जाना ही होगा !
ढूंढना कोई और ठिकाना होगा !

ठहर सकते नहीं यहां तुम,
सदा-सर्वदा शाश्वत !
मैं परम् के 'ध्यान' में हूं !
रुकना तुम्हारा है संभव,
केवल यदि तुम बन पाओ,
परमेश्वर सा परम्-शुद्ध प्रतिपल।
याद रखो तुम यायावर हो
ओ मेरे मन-मस्तिष्क में चलते विचार !
मेरे मनोवेग !!
यायावर ही रहना, किये बिना प्रतिकार।

सुख की चाबी-दुःख का ताला

तुम तुम तुम तुम, तुम ही हो हर बार,
अपने जीवन की हर बात के लिए,
सिर्फ़ तुम्हीं हो ज़िम्मेदार।
जैसा सोचो वैसा तुम जाते हो बन,
अब मलाल क्यूं दुर्दशा पे,
मैला क्यूं करते हो मन,
बरखुरदार !

ख़ुद तुम ही बनाते,
अपने जीवन के तूफ़ान तमाम,
या हो सूर्य-प्रकाश सी
जीवन की ख़ुशियों की घाम।
इस सच को स्वीकार करो,
या करो इसका प्रतिकार;
सिर्फ़ तुम्हीं हो ज़िम्मेदार।

तुमने चाहा स्वर्ग सरीखी
निज की भूमि छोड़ूं,
उड़ जाऊं उन्मुक्त हवा में।
बात किसी की न मैं मानूं,

बस जाऊं बस मनमर्ज़ी के
सुख-साधन में,
'जीवन-सार' से हर मुख मोड़ूं।

और लगा मन-मन्दिर को ताला,
निकल पड़े तुम पीने हाला;
विष का प्याला।
अब ढूंढ ढूंढ के सुख की चाबी,
बौरा गया है मन मतवाला।
सोच रहा है पागल मनुवा,
जाने किसने लगा दिया है,
सुख पे मेरे ये ताला इस बार।

मत मानो पर परम्-सत्य है;
जैसा सोचो वैसा तुम हो जाते, साकार !
तुम तुम तुम तुम , तुम ही हो हर बार,
अपने जीवन की हर बात के लिए,
सिर्फ़ तुम्हीं हो ज़िम्मेदार।

दुर्बुद्ध इन्सान

मानव के सब दु:क्खों की जड़
की क्या पहचान है !
वो मानवीय दुर्बुद्धि व अज्ञान है।
सद्बुद्धि से है समृद्धि,
दुर्बुद्धि मृत्यु समान है।

भोग-भंडार से सिर्फ़ स्व-पोषण,
पाप-बुद्ध कहलाता है।
ऐसा भक्षक अलौकिक तो क्या,
लौकिक जगत भी नहीं पाता है।
"केवलाघो भवति केवलादी"
मतलब;
वो अकेला ही रह जाता है।

दोनों लोक उसे हैं मिलते,
नेकनीयती व मेहनत की कमाई भी,
जो "वंड के छकता" और
'परम-नाम' जपता जाता है।
सबका साथ उसे है मिलता,
प्यार बहुत वो पाता है।

इतनी मलिन-वृत्ति तू कहां से लाया,
आया कहां से, कहां है जाना !
क्या खाना है, कितना पाना,
किसको मिलना, किसे मिलाना !
जीवन में ये समझ न पाया।

भरी पड़ी है सृष्टि ये तो,
बेशकीमती खज़ानों से,
और एक भी चौकीदार नहीं !
आगम-निगम है लाखों का,
पर इक तीली ले जाने का
किसी को अधिकार नहीं।

कम है बस बहुत ज़्यादा,
ज़्यादा है बस अपकारी !
कम से कम में काम चलाना,
जान गये सब बहुतायत से,
कम ही है बस हितकारी।

जो पाया है उसे छोड़कर,
दौड़ रहा है उसके पीछे,
जो न कभी मिल पाना है।
जोड़ रहा है जो यहीं रह जाना,
छोड़ रहा जो लेकर जाना है !
दुर्बुद्धि इन्सान की मति-गति का
कैसा अजब फ़साना है।

आ अब लौट चलें !

सब बातों से बेखबर,
बहुत तेज़ भागा जा रहा था
लौकिकता की रेस में।
जीवन की आपा-धापी में,
भूल गया था पापी मैं;
कि सिर्फ़ भागते चले जाना
ही ज़िन्दगी नहीं है !
वो तो है सिर्फ़ वक्त का काम,
नहीं लेता जो कभी रुकने का नाम,
तुम्हें तो है बीच-बीच में रुकते जाना,
आत्मनिरीक्षण कर लौट आना और
अपने आधार से जुड़े रह पाना।

महत्वपूर्ण बहुत है !
ये भी समझ पाना कि;
लौटना क्यों है?
लौटना कहाँ है?
लौटना कैसे है?

इससे पहले कि
निरर्थक हो जाये सारी रेस,
चलें समझें !
टॉलस्टाय की कहानी का केस :

ग़रीब एक गया राजा के पास
त्याग के सब घमंड,
मांगा मदद के तौर पे छोटा सा
एक भूखंड,
राजा बोला ठीक है,
कल सूर्योदय से शुरु करना दौड़ना,
जहां तक जाओगे,
उतना भूखंड पाओगे,
पर शर्त है कि जहां से चलोगे,
सूर्यास्त तक वहीं लौट आओगे,
वर्ना कुच्छ भी नहीं पा पाओगे !

वो दौड़ना शुरु हुआ,
तो दौड़ता चला गया।
'थोड़ा और थोड़ा और' के लालच में
लौटना भूल वो भला गया,
वक्त उससे भी तेज़ भाग रहा था,
सूर्य भी अस्त होने को था,
जो अब तक जाग रहा था।

ज़्यादा भूखंड पाने की कोशिश में,
वो बहुत दूर निकल गया।

इतना दूर कि सूर्यास्त तक
लौटना आधार तक,
नामुमकिन होता गया।
समझ ना पाया जीवन के सूर्यास्त में,
शक्तियां क्यूं विकल हुईं !
वापसी की गति तीव्र की तो,
प्राण-शक्ति निकल गई !

देख शव उसका, राजा बोला;
"आदमी ये भोला, मूर्ख ही रहा !
दरकार तो 'दो गज़ ज़मीन' थी,
नाहक ही ये इतना दौड़ता रहा।"
आधार तक लौटना था पर लौट नहीं पाया,
वो लौट गया वहां,
जहां से कभी कोई लौट कर नहीं आया।

क्या हम भी हैं इतने निर्धन-बुद्धि !
क्या हम भी कर रहे हैं वही भूल !!
चाहतों के मोह में,
हम लौटने की तैयारी ही नहीं करते,
जब करते हैं तो बहुत देर हो चुकी होती है।
फिर हमारे पास कुछ भी नहीं बचता;
हम सभी दौड़ रहे हैं,
देख के भी, बिना ये समझे कि
सूरज तो हर रोज़ समय पर लौट जाता है,
तभी हर सुबह एक नया सवेरा पाता है
अभिमन्यु भी चक्रव्यूह से लौटना नहीं जानता था,

हम सब अभिमन्यु ही हैं..
चक्रव्यूह में फंसे रहना ही,
जीवन की बेबसी बन जाय,
हम भी लौटना नहीं जानते,
चाहे वहीं अन्त हो जाय।

प्रश्न ये है कि;
क्या लौकिकता में लिप्त इन्सान
नैतिकता से जुदा नहीं होता !
उत्तर है हाँ !!
और ये भी कि उसका कोई कभी
पारलौकिक ख़ुदा नहीं होता !!!
सच ये है कि
जो लौटना जानते हैं, वही जीना भी जानते हैं,
पर लौटना इतना भी आसां नहीं होता,
दौड़ के बीच में सांस लें तो समझें;
यूं ही कोई अफ़साना बयां नहीं होता।

काश हम अपनी चाहतों की सीमा जान पायें !
और समय पर,
अपने अपने आधार तक सब लौट पाएं !
लौटने का विवेक, सामर्थ्य
एवं निर्णय हम सबको मिले,
आ अब लौट चलें,
वहां जहां सिर्फ़ सुख-शांति के फूल खिलें।
तुझको पुकारे 'देस तेरा' !
आ अब लौट चलें....

माया-दौड़

माया-दौड़ में दौड़ रहा था,
मैं निःशंक था, मैं निर्भय था।
सोच के सबसे बाज़ी मारूं;
था बौराया देख देख कंचन-वितान,
छोड़ दिया 'माया-पति' को,
और भूल गया सारे भगवान।

जब दीख पड़ा दावानल विपद् का,
और उसके भयंकर परिणाम।
मैं निःशब्द था, भयाक्रांत था।
चीख पड़ा यूं अनायास मैं;
नहीं चाहिए ऐसी माया,
काम-क्रोध-मद-लोभ-मोह-मत्सर के
'षड्-रिपुओं' में लिप्त
हठी निर्भयता या निर्लज्जता !
वो निःशंकता वो निर्भयता;
जो क्रोध, घृणा, आतंक सहित हो !
ऐसा आग्रह या दुराग्रह या सत्याग्रह,
नहीं चाहिए !

हमें तो दीजो !
बाह्य अपरिचित अपरिधि के स्थान पर,
आन्तरिक अपरिमित, सहजा, चिर-परिचित
परिधि का परिधान।
हो जिसमें बस;
अपूर्व अंतर्दृष्टिपूर्ण या पूर्ण बाह्यान्तरयुक्त,
सन्तुष्टि, सुख और शांति;
जिसमें ना हो कभी,
हास्यास्पद परिणामहीन दुःख, क्लान्ति !
खोज रहा अब माया-पति को,
विक्षिप्त हुआ मैं;
माया-दौड़ में दौड़ रहा था !

वैभवशाली पैजामा

पैंट-कोट बन्द, कबर्ड के अन्दर,
कितना मुश्किल कितना दुष्कर !
जीन्स पहन के देखना,
'महाभारत' का दुर्योधना,
'रामायण' का वो दशकन्धर।

आया याद, कितना सुकून था,
आकर रोज़ ऑफ़िस से शाम को,
आदिकालीन वैभवशाली-सुखदायक,
खूंटी टंगे पैजामे में,
खड़क से घुस जाना।
और लेटे-लेटे लेते-लेते चुस्कियां चाय की,
अद्धांगिनी से बेमतलब का बतियाना,
अगले दिन फ़िर पहन पैंट-कोट,
दफ़्तर जा के इतराना।

पर बाद रिटायर्मेंट के,
दिन जब विकट भये !
कबर्ड में रोते रोते वो दोनों,
प्यारे पैंट और कोट लिपट गये।

"बहुत दिनों से दीखे नहीं;
क्या अपने साहब निपट गये" !
जानने को 'ब्रेकिंग न्यूज़' साब' की,
हैरान परीशां टाई शर्ट भी,
उनके बिलकुल निकट गये।

"नहीं नहीं" पैजामा बोला !
"मेरी ड्यूटी अकाल आ गई !!
आनन्दित बेहाल आ गई" !!!
जैसे किसी लौंग-रिटायर्ड को,
उम्दा नौकरी की कॉल आ गई।
कसकर बांधी नाड़े की टाई,
क्रीज़ अपनी सपाट करी।
दशकन्धर देखो या दुर्योधन;
सेवा अपनी मैं विराट करी।

बेशक पहनो पैंट-कोट-टाई,
पर भूलो ना पैजामा भाई !
अस्तित्वहीन है नया वैभव,
जड़ से उखड़े पेड़ की नांई !
नया नौ-दिन, सौ-दिवस पुराना,
वर्तमान और भविष्य का भविष्य;
इतिहास ही है, हो सकता भाना।
बात इतनी सी, पर समझ अब आई !
सोच भले ही नयी रखिये,
लेकिन संस्कार पुराने ही अच्छे !!
विकास अवश्य करो,

पर अपनी जड़ से जुड़े रहो बेशक पहनो पैंट-कोट-टाई,
पर भूलो ना,
वैभवशाली पैजामा भाई !

ठोकरें तो इन्सानी हैं

दु:क्ख देतीं ठोकरें तो इन्सानी हैं,
कुछ दोस्त हों, रिश्तेदार या ये दुनियावाले,
मार के ठोकर, बस गिरा देते हैं,
सिर्फ़ ये ही सच है, बाक़ी बेमानी है।

अजीब पुर-रहस्यमयी है ये दुनिया,
पता ही नहीं चल पाता कभी,
है ये किन कर्मों-कुकर्मों का अंजाम !
क्यूं इतनी ठोकरें लिखी हैं मेरे नाम ?
बहुत बार हुआ हूं आहत ज़िन्दगानी में !!
छुपा हुआ है बहुत दर्द मेरी कहानी में !!!

चलो जाने भी दें,
वो सब तो थे इस दुनिया के हैवानी।
पर इस बार तो दर्द की इन्तेहा हो गई,
ठोकरें जिन्होंने मारीं;
वो तो मेरे थे 'अपने', मेरे जिस्मानी !!!
फ़िर भी इतनी मारी ठोकरें बेपैमानी।

जानता हूं; ये ठोकरें ज़हर तो नहीं,
जो खाकर मर जाउंगा।
बस वो तो मरने ही नहीं देती हैं,
जिलाये जाती हैं,
ज़िन्दगी भर दर्द देती हैं, जलाती हैं।
मिल जाये ख़ुदा बस एक बार
जलन और दर्द से, वोही एक निजाती है।

यकीं पक्का है मुझको,
ख़ुदा बस प्यार करता है।
ऐसी ठोकरें नहीं मारता।
पा ही लूंगा आख़िर ख़ुदा को मैं,
वही है मंज़िल मेरी,
एक ना एक दिन कर ही लूंगा हासिल,
मंज़िल; जो तयशुदा है सभी की गाफ़िल।
ख़ुदा अच्छा है, गिरने देगा न कभी,
ठोकरें उसकी मुझे सुधार जानी हैं।
उसे नहीं चाहत जिस्म के क्विल्ट की,
उसकी ठोकरें हैं मुतमईन औ' रूहानी हैं।
दुःक्ख देतीं ठोकरें तो इन्सानी हैं,
वो अपनों की तो हैवानी हैं।
दुःक्ख देतीं ठोकरें तो इन्सानी हैं।

प्यासा ततैया

मई की तपती दोपहर में,
फ़ोर्थ फ़्लोर के हमारे फ़्लैट की बड़ी बालकनी की,
दीवार की मुंडेर पर कबूतरों के लिये रखी पानी की,
बाउल पे पानी पीने आता है एक पीला ततैया,
पानी कम हो तो करता है,
गुस्से में भुन-भुन, ताता-थैया, ताता-थैया !
पानी दे दे मैय्या, पानी दे दे दैय्या !
हे राम.....हे रमैय्या....कितना प्यासा है ये ततैया !

'चल पी ले'.....पर जानती हूँ,
जन्मेगा तेरे तन में विष ही,
शुद्ध मीठा पानी पीकर भी,
और वही तू उगलेगा, पानी पिलाने वाले पर भी।
न जाने किन भूत-दुष्कर्मों के कारण तू बन गया ततैया !
जो मीठा पानी पीकर भी करता है वमन विष का।
पर क्या जानता नहीं, आज का तो 'इन्सान' भी कहीं आगे है तुझसे,
भरा पड़ा है इतना विष तन में और मन में,
कि बिना पानी पिये ही,
विष-वमन करता फ़िरता है, 'कट-कटैय्या'।
इतना भी तो प्यासा नहीं है ततैया,

तुझसे तुलना करें तो मानें;
कि कित्तने अधिक होंगे 'इन्सान' के दुष्कर्म, हर प्रहर !
जो बिना पानी पिये ही उगल सकता है भीषणतम ज़हर।
तू तो फ़िर भी छोड़ देता है पानी बहुत सा, कबूतरों के लिये....
इनका बस चले तो खा जायें कबूतरों को भी, बिना पानी पिये,
हे राम......हे रमैय्या...कितना प्यासा है ये 'ततैया' !

जो दिखता है-सो ही है, अच्छा हुआ तू हुआ ही ततैया,
'इन्सान' ना बना, जो छद्मवेशी है, है भूलभुलैय्या,
दिखता नहीं ततैया सा, पर है बड़ा फ़टकटैय्या,
तू तो प्रकृतिवश सीधा डंक ही मारे,
इन्सान दिखाये प्यार, पर मारे डंक, कट-कटैय्या,
हे राम....हे रमैय्या...कितना प्यासा है ये 'ततैया' !
कितना प्यासा है ये ततैया...कितना प्यासा है ये ततैया !!!

बैलेंस शीट दुःख और आनंद की

दुःख उधार की सम्पत्ति है,
आनंद स्वयं की पूंजी है।
आनंदित कोई होना चाहे,
तो अकेले भी हो सकता है,
दुःखी होने को दूसरे की ज़रुरत होती है।
सब दुःख किसी दूसरे से जुड़े हैं,
आनंद स्वयंस्फूर्त है।
दुःख बाहर से आता है !
कर्ज़ा है !
आनंद भीतर से आता है !
रिज़र्व फ़ंड है !

यदि अपने अंदर ख़ुशी ढूँढना आसान नहीं है,
तो इसे और कहीं ढूँढना भी संभव नहीं !
दुःख तो बाहर खूब बिकता है,
ख़रीद लो जितना चाहो !
पर 'ब्याज' चुकाना पड़ता है !
ढूंढने जाने की भी ज़रूरत नहीं,
चाहो तो घर बैठे ही दुःखी हो लो;
बैलेंस शीट की 'फ़जिंग' करके;

"साथ छोड़ गया कोई..."
"कोई धोखा दे गया..."
"कोई तुम्हारे मन के अनुकूल न चला"।
सच्चे आनन्द के लिये तो,
सिर्फ़ खुद को परमानंद में बहना होगा !
अपने 'साधन-माध्य' में रहना होगा !
निर्णय आपका !
पर रिकंसाइल तो करना ही होगा,
'अंदर' और 'बाहर' को !
नहीं तो 'नैट-लौस' हो जायेगा,
और विधि के 'फ़ाइनल ऑडिट' में,
'क्वालिफाइड' हो जायेगी,
बैलेंस शीट दुःख और आनंद की।

कवि की कल्पना

कवि तो हुआ पर,
रवि ना हो पाया।
जुगनू की मानिंद,
कविता को ढूंढ लाया,
जीवन के अंधकारों में।
पर ख़ुद रविसा होकर,
अंधियारों का मर्दन
ना कर पाया।

'राकापति' ही रह गया 'राकेश'
झांकता रह गया
रात की भयावह बदलियों में से तू,
चांद था, चांद ही रह गया,
रवि ना हो पाया
कवि ही रह गया।

गर्मियों की तपती दुपहरी में,
बचता फिरता हूं,
ज़िन्दगी की तपिश में कहीं
झुलस ना जाऊं,

ढूंढता हूं ठंडी ओस का तुबका,
मिल जाये शायद,
हायवे की लूओं में लिपटा।

ठंडी ओस का तुबका,
पिघल गया लेकिन,
धूप कभी ना हो पाया,
चांद था, चांद ही रह गया,
कवि तो हुआ पर,
रवि ना हो पाया।

कबूतर

लॉकडाउन में यूं लगा,
कबूतर हूं मैं !
हर सुबह दिन निकलते ही,
अपने फ़्लैट की
बालकनी में आ के,
बैठ जाता हूं,
ठंडी हवाओं के और
नर्म धूप के स्वाद लेने को !

मेरी तरह सब कबूतरों के भी
फ़्लैट हैं अपनी-अपनी
मल्टी स्टोरीड बिल्डिंग्स
के हर फ़्लैट की बालकनी
के बगल वाली डक्ट में,
जो इनका घोंसला है !
परिवार है बच्चे हैं इनके,
वो भी हर सुबह आ बैठते हैं
अपनी-अपनी मुंडेरों पे
मेरी तरह !

पर मैं तो बालकनी में
बैठता हूं इसलिए;
कि थोड़ी ऑक्सीजन पा पाऊं !
क्यों कि अक चुका हूं,
बन्द ए. सी. फ़्लैट में पी-पी के,
कार्बन-डाई-ऑक्साइड के प्याले !
और थोड़ी सी धूप इसलिये;
कि चुक-चुके विटामिन डी
की भरपाई कर पाऊं !

पर कबूतर तो जन्मों से
करते हैं ये ही !
जबकि इनके तो फ़्लैट्स भी
एयर-कंडीशन्ड नहीं होते !
ओह ! ग़ौर से देखा
तो समझ आया !!
ध्यान मेरा कहीं और था,
ये तो कोरोना ने समझाया
कि रहना, सहना या हो
खाना-पीना,
ये करते हैं सिर्फ़ और सिर्फ़,
भोग-उपभोग
ईश्वर-प्रदत्त चीज़ों का !
और रहते हैं प्रकृति के पास।
ये तो नहीं खाते;
पीज़ा, बर्गर, लैम्ब-टंगड़ी और मुर्ग-कबाब,
और ना पीते हैं शराब,

खाते हैं तो बाजरा, सिकी रोटी के साथ,
और पीते हैं पानी ठंडा !
क्या कभी देखा है किसी कबूतर को
डिस्क में जाकर,
चा चा चा करते दंगा !
वो तो खुश हैं,
सिर्फ़ अपनी-अपनी रेलिंग्स पे
गुटर-गूं करके !

मेरा तन हुआ बीमार
शायद इसलिये कि;
मैं ईश्वर-प्रदत्त स्वादिष्ट और हितकर
चीज़ें छोड़ कर,
मानव-निर्मित ढकोसलों
में सलग हो गया !!
और मन हुआ बीमार;
कि मैं
ईश्वर और प्रकृति से विलग हो गया !

तो क्या मैं
कबूतर भी नहीं रह गया ?
कितना तुच्छ हो गया,
ऐसा क्या किया मैंने
कि 'कुछ' का 'कुच्छ' हो गया !!!
उच्च बनने की कोशिश में,
मैं कितना टुच्च हो गया !

सोचो ज़रा क्यों नहीं बदले ?
कबूतर, कौवे, मछली और कुत्ते
क्यों वो अभी भी
प्री-वैदिक काल के पास हैं ?
तबियत नासाज़ हो तो
खाते घास हैं !
या करते उपवास हैं !!
कितने उदाहरण हमारे आस-पास हैं।
कितना कुछ भगवान ने हमें
उपलब्ध कराया फ्री में !
पर मेरे पास समय नहीं था ग़ौर करने का।
एक मुट्ठी बाजरा बस डाल के कबूतर को
समझा कर्तव्य सम्पूर्ण इति-श्री में !!!

अब लॉकडाउन में देखा जो ग़ौर से
कबूतर को,
बालकनी की अपनी ठौर से;
तो समझ आया लगातार;
क्या कहूँ मैं बारम्बार !
'राफ़ेल' बनने चला था मैं तो;
कबूतर भी नहीं बन पाया !!!
ये क्या किया 'मैं' ने ?
कितना खोया कितना पाया ?
मैं तो कबूतर भी नहीं बन पाया।

कोरोना लॉकडाउन

सुब्हा होने पे भी सन्नाटा शब सा,
क्या हुआ ?.....क्यों हुआ ??
ऐसा तो कभी ना था !
दिन निकलते ही बज जाते हैं शाम के सवा-पांच,
ऐसा तो कभी ना था !

नये साल ट्वेंटी-ट्वेंटी की मदमस्त आमद के,
इस्तक़बाल की ख़ुमारी उतरते-उतरते,
कब मार्च की होली आ गई पता भी ना था !
आ जायेगी होली होते ही,
आलमगीर महामारी दबे-पांव,
क्या ये उसका धता ही ना था !!!

एक मौत का अंधड़ चलेगा इस जहां में,
रौंद डालेगा सभी को कयामत सा,
पूछे बिना किसी की जमात-औ-धरम,
ऐसा बढ़ चुका है अधर्म !
प्रिय भक्तों को ये पता ही ना था !!

सब धरे के धरे रह गये,
वो जो बेपनाह उड़ते फ़िरते थे बेपरवाह,
हो गये बिलकुल जाम,
इन्सान, कार, बस, ट्रेन, जहाज़,
फैक्ट्रियां, सब अंजुमन औ’ इदारे,
‘टोटल बंद’ में भी कभी ऐसा तो ना था !

घर में घुसकर बैठ गया हाथ जोड़े,
ब्रह्म से ज़िन्दगी की भीख मांगता;
वो तथाकथित; ‘अजातशत्रु’,
'जन्मेजय’, ‘अहं ब्रह्मस्मि' मानव।
मौत से इस कदर डरता है ये,
कभी इसी को पता ही ना था !!

अब जा के महसूस हुआ उसे,
सूखी रेत के जैसी है ज़िन्दगी !.
हाथों से फ़िसलती जाती हरदम,
एक पल भी रुकती नहीं,
गंगा की तेज़ धारा जैसी !
‘आदम-हव्वा’ के सिवा,
इस ‘शहर’ में तो कोई और वैसा ना था।

रात पे रात है व्याप्त, दिन पर दिन बीत रहे,
भरे-पूरे घट के घट रीत रहे,
घर में बैठे-बैठे भी खाली हो जाता है,
बिना किसी उद्यम के, सब 'माया-औ-मोह’,
और भर जाता है खाली घट में,

स्वर्गीय अध्यात्म, स्वाध्याय, स्वास्थ्य !
ऐसी है ये दुनिया,
ये तो हठयोगियों को भी पता ना था।

बेअन्त कचरा जमा हो गया था,
इस स्वर्ग सी धरा पे,
चलो अच्छा हुआ 'बहुत कुछ' साफ़ हो गया
इस बहाने,
पर्यावरण, आल्मारियां, फ़ोनबुक्स,
और शायद 'दिमाग्स' भी,
ये भी हो सकता है इस तरह;
मुझे तो पता ही ना था !!
फ़िर भी कहूंगा 'मैं'; मेरा कुछ ख़ता ना था ?

बैठा हूं चार महीने से घर में संगरोध !!!
पर ख़ुश हूं कि जी पा रहा हूं,
साठ साल पहले सा निर्विकार जीवन !
जो भूल चुका था, खो चुका था,
ज़िन्दगी की आपा-धापी की धुंध में।
बड़ी मेहरबानी ओ मेरे मालिक !
हैरान हूं कि बावजूद इतने दुर:कर्मों के,
दिये ये बेझंझट दिन मुझे,
ऐसा तो किसी को भी अता ना था !!!

मुट्ठी की दरारों से फ़िसलती जाती ये रेत,
अब शायद रुक जायेगी जल्द ही,
कहते हैं; फ़िर सब ठीक हो जायेगा,

'न्यू-नार्मल' आयेगा !
दुआ करता हूं कि 'न्यू-नार्मल' हो
'पुराना' सा पुरसुकून,
जिसमें पागलपन की आपा-धापी ना हो,
और ना हो प्रतिद्वंदिता की अंधी दौड़,
क्या ऐसा हो पायेगा ?
पूछा जो मैंने तो,
फ़रिश्तों को भी ये पता ना था !!!

बदला कौन

एक बात बताओ, क्यूं हो मौन !
किस कारण से विपदा आई ?
बदला कौन.....बदला कौन ?

ये समस्त प्रकृति !
ये पंचतत्व -पृथ्वी, जल, वायु, अग्नि,आकाश !
ये नदियां, चांद सितारे, ग्रह-नक्षत्रों के प्रकाश !
ये जीव जंतु, वनस्पतियां, बिटप मीठे फलभर !
ये देव-देवियां या ये ईश्वर !
क्या कुछ बदला इन फ़र्शों या अर्शों में ?
इतने अरबों खरबों वर्षों में ?

बदला तो केवल मेरा अन्तर्मन !
बाहर तो कुछ बदला ही नहीं !
सब है वैसे का वैसा।
बस अपने बदलने की धुन में मैंने,
किया इन सब को भी मलीन !
समाज संस्कृति भी कुत्सित हुई,
खुद भी रहा नहीं कुलीन !

विपदा विचित्र आई,
तब कहीं ये एहसास हुआ,
कि ज़रूरत तो है,
मुझे मेरा आन्तरिक परिवेश बदल के,
सामंजस्य बिठाने की;
उस शाश्वत सनातन बाह्यान्तरमुक्त
द्वन्द्वातीत प्रकृति-पुरुष से।
और उस सा पुरुषोत्तम बन जाने की !
जिसे मैं इतने युगपुरुषों के अंतहीन,
स्वअनुभूत अनुभव-दानों के बावजूद
समझ न पाया !!!
अब जब सब निकल गया हाथ से,
तब समझ में आया !!

हम कहां पहुंचे हैं; नहीं है महत्वपूर्ण !
आये कहां से हैं और जाना है कहां ?
नहीं जाना ये, तो है जीवन अपूर्ण !
बदल दिया इस महामारी ने,
सबका सारा जीवन आमूल-चूल !
पर हे मानव ! अब बदला है तो,
ऐसा ही रहना, जाना ना तू फ़िर से भूल !
प्रकृति-प्रेम है पथ ईश्वर तक,
बाकी सब है कांटा-शूल !!!

'बदलना' तय है !
हर चीज़ का इस संसार में !
बदलो, बढ़ो, करो खूब विकास !

पर मूल अपने से जुड़े रहो।
सोच भले ही नई रखो,
धूमिल हो ना संस्कारों का आभास !
बस, करो अच्छा; मनसा-वाचा-कर्मणा !
उत्तम होगा धर्मणा।
किसी का जीवन बदलेगा...
किसी का 'दिल' बदलेगा...
तो किसी के 'दिन' बदलेंगे..!!
दिल बदलेगा, दिन बदलेंगे, बदलेगा जीवन !
होगा यूं सुसंस्कृत विकास बिना कोई सीवन।

दाह-संस्कार

एक ज़लज़ला सा आया अचानक;
ट्वेंटी ट्वेंटी मार्च में ही पतझड़ शुरु हुआ !
उस वक़्त की आंधी में,
दिन एक एक चीखा-ग़ुल हुआ;
और ज़िन्दगी की किताब से,
एक और पन्ना गुम हुआ !!!
बचे हैं कुछ ही पन्ने,
क्या रह जायेगी खाली जिल्द ?
कैसी विडम्बना है ये, पन्ने हों तो है किताब,
पन्ने खतम हों तो, किताब कहलाती जिल्द है,
किताब है तो कीमत है,
खाली जिल्द; शून्य हिसाब !!!
पन्ने जैसे आत्मा हैं, और जिल्द शरीर,
जिल्द है ज़िल्च- कुच्छ भी नहीं, बेकार !!!
सिर्फ़ कर सकते हैं उसका अन्तिम संस्कार।

हंसी आती है; हम क्या ग़फ़लते रहे !
हम ज़िन्दा हैं; हम यही समझते रहे !!
पूरा जीवन हर बात के लिये,
लाइनों में खड़े रहे, जलते रहे;

सोच कर ये कि शायद एक दिन
ज़िन्दगी की तपिश से राहत पा पायेंगे !
पर ना मिला कुछ भी सुकून,
गुज़र गई बस यूं ही जलते जलते !!!
अब हुआ एहसास; मैं तो सदा ही एक लाश था !!!
पर पता ना था कि यहां तो मरने के बाद भी,
शमशान की लाइनों में लगना पड़ेगा;
इन्तज़ार में जलने के लिये !!!
चलो कोई बात नहीं, नम्बर आ ही जायेगा,
दस-बीस के बाद, अब कैसे रोना !
जीवन भर जलने से तो अच्छा है कोरोना।
एक बार जल कर हो जायेगा छुटकारा,
फ़िक्र बस करता है मन मेरा बेचारा;
कहीं 'ऊपर' भी हुई लाइनें तो !
क्या करेगा आत्माराम बेचारा ?
हे परमात्मन् ! करो प्रार्थना मेरी स्वीकार;
पुनर्जन्म भी होये,
तो यहां नहीं भेजना दूसरी बार !!!
ये आपका मृत्युलोक है बिल्कुल बेकार,
कितना मुश्किल है अपना ही दाह-संस्कार।

कोरोना काल का एहसास

वो पुराने दिन !
भूल सकूं तो कैसे भूलूं, याद करूं तो याद कमाल !
गुज़रते थे बड़ी मुश्किल से, वो हफ्ते, महीने, साल!
रह जाते थे दिन गिन-गिन हम बेहाल !!
करते थे इन्तज़ार किसी अहम दिन का,
ख़ास कुछ मसलों ख़ातिर, संग-मलाल।
'अहं ब्रह्मास्मि' मानकर खुद को; सोचता था 'मैं',
कि शायद; 'ब्रह्मा के एक दिन' की तरह,
'कल्प' हैं; मेरे भी दिन !
जो बीतते ही नहीं, थक जाओ गिन-गिन।

कोरोना के आने पे हुआ फ़िर भ्रमित स्व-एहसास;
कि 'मैं' ब्रह्म नहीं, शायद 'शिव' हूं !
और ये 'कल्प' नहीं 'प्रलय-वेत्र' है !!!
ब्रह्मा का दिन हुआ पूरा; अब खुल चुका,
शिव का तीसरा नेत्र है !
ये प्रलय है, हर क्षण है 'क्षण-भंगुर' !!
मैं कौन हूं ? मैं हूं विमूढ़, बेढब, बेढंगुर !!!

बस आई ये समझ पड़ी; हुई तेज़-रफ्तार घड़ी !
अभी अभी तो दिन निकला था,
चुटकी में शाम हुई, रात हुई और वो दिन ढल गया,
जिसका था बेकल इंतज़ार;जाने कहां वो पल गया।
कल ही तो था सोम, शनि आज फ़िर विकल भया !
जाड़ा था, फ़िर जाड़ा आया !!
पता चला ना बीच का लेकिन;
मौसम गर्मी, ओदा चौमासा,
पतली गली से चुपचाप कहां निकल गया ?

बीत गये यूं महिने खाली,
होली हो ली, आई दिवाली !!
'ट्वेंटी-ट्वेंटी' विफ़ल भया !
अभी-अभी तो दिन था निकला, जाने कहां वो पल गया।

बिल्कुल भी कम न था वो यार मेरा,
इक्कीस था तो इक्कीस ही बन निकला।
'ट्वेंटी-ट्वेंटी' था गर महामारी का तीर-कमान,
तो 'ट्वेंटी-वन' स्वचालित-गन निकला।
बड़े चर्चे थे आतिश-बाणियों के,
नजूमियों की पेश-गोइयों के; कि अब तो,
कोरोना बेदम होगा, बिल्कुल ख़तम होगा !
पर चालाक था वो, बस ज़रा सा छुप गया,
हम बस कुम्भ-ओ-रैलियों में ही तो निकले थे,
ज़ालिम राक्षस ये,
बरछियों सा फ़ेफ़ड़ों में मेरे भक् से घुप गया !!!

सोचा था; 'ट्वेंटी-ट्वेंटी' ही तो बस हुआ ख़राब;
'ट्वेंटी-वन' करेगा नवजीवन-संचार !
मन की आशा, पर निकली बिल्कुल बेकार,
ज़रा भी कम नहीं था वो मेरा यार।

मिथ्या दंभ नृपत्व का

कैसी है विडम्बना, कैसी ये माया !
सब कुछ पा कर, सब कुछ खो कर,
मन समझ ना पाता, क्या खोया है, क्या है पाया !
'दंभ नृपत्व का' है बस मिथ्या,
ब्रह्मज्ञान ये कब हो पाता !!!

जीवन है अबूझ पहेली, मन की शांति परम् काम्य !
शान्ति-उद्गम नहीं कहीं 'बाहर' से आता।
वो तो 'अन्दर' ही कोई तलाश पाता,
सो अवकाश-क्षणों में,
स्वाध्याय व सत्संग से ही हो पाता।

माना, है अनिवार्य, मन की शांति को;
उत्तम स्वास्थ्य और माली-अभेद्यता।
इस पर भी जो बाह्यमुखी है, असंयत है !
अपनी उलझन आप बढ़ाता;
ज़्यादा सुख चाहा तो ज़्यादा दुःख ही पाता।

तब आवश्यक, चिन्तन विवेकपूर्ण !
क्या सही है और क्या है गलत ?

क्या सम्भव है, क्या असम्भव ?
ये इतिहास औ' अंतःकरण बतलाता !!
ऐसा आत्मनिरीक्षण जो ना करता;
भीषण माया-जाल में फ़ंस जाता !

हैं प्रतिरोधी, 'लालच' औ' 'शांति' !!
और नियम है ये प्रकृति का;
'मन की शांति' और 'वस्तु-लोभ' में,
पगला मानव बस एक चुन पाता।

आध्यात्मिक से आत्मिक प्रगति बिना,
नहीं है सम्भव आंतरिक शांति !
लालच, कम्पिटिशन व कम्पेरिज़न;
भौतिक असंतोष व अतृप्ति जगाता !
ईर्ष्या तो नासूर एक है !
ईश्वर का प्रसाद समझ,अपने कर्मों का जो पाता !

नियति का अपमान करे जो;
उससे बाहर पाना चाहता !
सुख-दुःख जीवन के चिर-संगी;
नहीं स्वीकारता जो ये तथ्य !
केवल सुख ही चाह करे तो;
दुःख का स्थायी उद्गम ही पाता !!

कह-कह गुणीजन हुए अस्त, शास्त्र-पुराण ध्वस्त !!
वो नहीं कान पे जूं रेंगाता !!!
पर तब समझा जब कोरोना आता !

आंधी चली मौत की विश्व में,
फ़हराई कुदरत ने अपनी क्रूर पताका !!!
बोली अब आदत बदलो मानव,
खत्म हुआ अब अन्तर;
'गले मिलने' व 'गले पड़ने' का !
अब भी समझ नहीं है आता ?

अब सब लोग लगे समझने,
है कहीं अधिक मनभावन सादा जीवन !
फ़िज़ूलखर्ची, दिखावे और मिथ्याभिमान
पर अवलंबित जो ना हो पाता !!
नहीं ज़रूरत इतने धन की,
कितने कम में काम चल जाता !
शांति,किफ़ायत से रहता;मानव श्रेष्ठ वही कहलाता।

चकित हुआ वो देख देख कर,
कैसे हुआ रोगमुक्त ख़ुद ही !
लाखों का बिल जो हस्पताल का,
और मेडिक्लेम भी ना कर पाता।
भरसक हुए प्रयास करने को;
स्वच्छ देश, शुद्ध परिवेश व निर्मल नदियां !
लॉकडाउन ने जो कर दिखाया;
कोई दरविश भी ना कर पाता।

खड़ी रह गईं मोटर कारें, रेल, जहाज़,
शोकेसों की चीज़ें जमा निरर्थक !
अब एहसास हुआ कि षड्-शत्रु;

काम, क्रोध, मद, लोभ, मोह, मात्सर्य,
ही तो था सब 'रोग' बढ़ाता !
मानी होती बात पुरानी;
तो बच जाता, तो बच जाता !!!

अपने शव का दाह करे ख़ुद !
श्राद्ध भी है स्वयं निपटाता।
रहती थीं लिपटी इस काया से
जीवन भर जो प्रेम लता सी !!!
मुंह पर मास्क लगा कर बोलीं;
दूर करो ये संक्रमित काया,
हाथ कोई इसे नहीं लगाता !!!

विचार शक्ति यदि छीज चुकी ना;
शायद अब समझेगा मानव !
भौतिकता का मायावी दानव,
कितना जीवन-ह्रास कराता !!
सुख के बदले दुःख ही देता,
चैन शांति सब लुट जाता !
'दंभ नृपत्व का है बस मिथ्या'
काश ! ये ब्रह्म-ज्ञान पहले हो जाता।

फ़ोनबुक मोबाइल की

लगे थे पूरे चालीस बरस,
कितनी मेहनत से बनाई थी !
चुन चुन के कितने सालों में;
फ़ोन-बुक मेरे मोबाइल की।

होती जाती हर रोज़ छोटी !
जाने क्यों,
कैसे आ जाती हर सुबह ?
ग़म की ख़बरें मोटी मोटी !

निगलता चला जा रहा है ऐसे;
मेरे इक इक दोस्त को कोरोना;
आग जंगल की हरे पेड़ों को जैसे।
नहीं ख़याल उसे, क्या होना !
उन हरे-भरे पेड़ों पे,
बसेरा किये अवलंबित;
चिरैया और उसके नादान बच्चों का,
हालात से अनजान बे-कसूरों का !

मासूम बच्चों की इसमें क्या खता है ?
ग़र उस बाग़ का माली ही लापता है !
भूल चुका वो पता बाग़ की राहों का,
उसे तो बस है पसंद;
खेलना ज़ालिम खेल बादशाहों का !!

कितना मुश्किल है, मेरे कांपते हाथों को;
हटाना नाम दोस्त का,
मोबाइल की फ़ोन बुक से !!
अभी कल ही तो आया था,
मैसेज उसका व्हाट्सएप पे !!!
अब कल से नहीं आयेगा।
न जाने ये दावानल !
मेरी फ़ोन बुक को,
कितनी छोटी कर जायेगा !!!
पहले ही विचित्र अंधत्व ने,
कितने नाते निगल लिए !
छोटी हुई फ़ोनबुक मुसलसल;
जिन हाथों को था गर्व से थामा,
वो ब्लॉक हुए या डिलीट हुए !!!

ध्वस्त हुईं सब व्यवस्थाएं,
रोज़गार भी बन्द हुए,
अस्त-व्यस्त सब धर्म-सम्बन्ध,
दोष किसे दें ए कोरोना ?
ख़ुद मुखर सारे अन्तर्द्वन्द्व हुए।

ये इन्सान की प्रकृति नहीं !
उसके दिमाग की विकृति है !!
सुप्त पड़े हैं कितने पहले ही,
बस कान्टेक्ट लिस्ट में हुए हुक !
कितना दुर्भाग्य है ये,
बस छोटी सी रह जायेगी फ़ोनबुक !!!

रिश्तों की माला जब टूटती है,
तो जोड़ने से दोबारा
छोटी हो ही जाती है !
क्योंकि जज़्बात के कुछ मोती,
बिखर के गुम हो जाते हैं !!!
और फ़ोनबुक के कुछ पन्ने,
बस गुमसुम हो जाते हैं !!!

मौन से वार्तालाप

एक बात बताओ मिस्टर 'मौन' !
क्या करते हो ? रहते हो कहां ?
परिचय दो अपना, तुम हो कौन ?

एक अच्छी सुबह। एक सुन्दर विचार !
बताता हूं, लो सुनो एक बार !!!
'मौन' हूं मैं, सबके मन में मैं रहता हूं।
सुनो मुझे; नहीं कान लगाकर,
दिल लगाकर महसूस करो;
मन से मैं बहुत कुछ कह जाता हूं।

गहराई में 'मौन' की, दुनिया इक अनजानी है,
वहां शब्द नहीं, बस धुन इक जानी-पहचानी है।

'मौन' की शक्ति, सोच को गहराई में ले जाती है,
जहां समय नहीं, बस इक पल है,
और एक ख़ामोशी है,जो बात अटल बतलाती है।

'मौन' आंखों में कही एक अनकही कहानी है
संदर्भ वहां हैं अनसुने, और ख़ामोशी फ़ानी है।

सुनो 'मौन' ख़ामोशी से! वो दुनिया एक नई देता है,
आवाज़-हीन अनुभव ये, जीवन एक नया देता है।

'मौन'-अवस्था अनुभव है, अपने अंदर की शांति- -आनंद पा पाने का,
अपना असली स्वरूप पहचान, जीवन का अर्थ-उद्देश्य जान जाने का।

'मौन' में;
हो सकते हम लीन 'ध्यान' में, कर मन को एकाग्र,
निरीक्षण कर विचारों का, पा सकते जीवन-उद्धार।

'मौन' बताता है हम को, नैतिकता का मूल्यन,
नैतिक निर्णय ले, हम पा जाते जीवन में संतुलन।

ज्ञान, समझ को विकसित कर, पा सकते सुप्रभास,
अपने अस्तित्व व ब्रह्मांड-बीच एकता का आभास।

'मौन' में कर सकते महसूस, हम ईश्वर-संग जुड़ाव,
पा जाते जीवन में सुखमय, आध्यात्मिक अनुभाव।

'मौन' में साक्षात् सच्चिदानन्दघन परमात्मा है,
मिलने को जिसे तड़पती सदा ये आत्मा है।

'मौन' का पालन करना एक आध्यात्मिक पुण्य अभ्यास है
जो कर मन-शांत, उसे संघर्षों-विकर्षणों से मुक्त करने का प्रयास है।

'मौन' सुनहरा टॉनिक ! जो पुनः-सबल कर देता है,
चिंतनवान बना मन को, ध्यानशील कर देता है।

मर्म बात का है ये;
'मौन' सक्षम है हमारी ऊर्जा बचाये रखने में,
ख़ुद पर नज़र रखने, संवेदनशील रखने में,
और सबसे महत्वपूर्ण;
ख़ुद को अंदर और बाहर से व्यवस्थित रखने में।
जिससे होती है मदद;
सुनने का कौशल व ज़िम्मेदारी विकसित करने में।

मैं,
अब समझ गया; 'मौन' सबसे बड़ा व्याख्यान है,
"ख़ामोशी' बहना छोटी, 'मौन', भाई बड़ा महान है।

'मौन' बहुत प्यारा है, गो ! शोर एक हत्यारा है !
'मौन' रक्षा-कवच है, जैसे झील में एक शिकारा है।

अपनी वाणी के शोर का अफ़सोस कई बार हुआ,
पर अपने मौन का कभी न कभार हुआ।

जहां ख़ामोशियां बोलती हों, अल्फ़ाज़ ज़रूरी नहीं,
मौन के चमत्कारों में आनन्द का अवलोकन है,
ये आत्म-खोज की पूर्ण यात्रा है, अधूरी नहीं।

ख़ामोश रहने का अपना ही मज़ा है,
गहराई में बसे होते हैं, नींव के पत्थर;

कभी बोला नहीं करते,
गो, ज़िन्दगी-भर इमारत ढोने की कज़ा है।

ख़ामोश दिल से जो दिया जा सकता है, वो हाथ से नहीं,
और मौन से जो कहा जा सकता है, वो शब्दों से नहीं।

प्रकृति में समय बिताना, मौन रहना और प्रार्थना-संलग्न होना मूल है,
जो मन पर विचार करने में मदद करने के लिए बहुत ही अनुकूल है।

प्रतिदिन बस एक बार मौन रहें !
बस नींद नहीं आए, थोड़ा सौन रहें !
नींद के विश्राम से शरीर तो स्वस्थ होता है,
संतृप्त हो जाती है आत्मा,
पर नहीं होता प्राप्त परमात्मा।
'मौन' विलक्षण शक्ति है, कुछ क्षण ही मौन धरो,
फ़िर चाहे कोई काम करो; काम बढ़िया,
और लौकिक-अलौकिक लाभ प्राप्त करो।

कई बार सबसे महत्वपूर्ण संदेश, एक भी शब्द के बिना अभिव्यक्त
किया जाता है।
मौन तुम अद्भुत हो !!!
धन्यवाद सहित, इस वार्तालाप को यहीं विराम दिया जाता है।

हंस के बोला करो...

कुछ हंस कर बोल दो,
कुछ हंस कर टाल दो,
परेशानियाँ तो बहुत हैं,
इस ज़िन्दगी में,
पर उन सब का छोटा सा है वजूद !
ख़ुद ख़त्म सब हो ही जाती हैं।
चलो छोड़ो, कुछ वक़्त पर डाल दो....
कुछ हंस कर टाल दो !

कुछ भूल जाया करो।
हंस के बोला करो...........बुलाया करो,
कर के गुस्सा हर इक बात पे, हर वक़्त,
अपना, और सबका भी दिल-औ-माहौल,
यूं ही न जलाया करो.....न जलाया करो।"
क्रोध पड़ता है बहुत मंहगा;
तुम बस सस्ता सा मुस्कुराया करो।

क्रोध आपका है ऐसा कौशल,
जिसमे फंसते भी आप हैं,
उलझते हैं, पछताते हैं,

और पिछड़ते भी आप हैं।
गुस्सा आता अकेला है,
पर ले जाता सब सद्गुण हमारा है।

क्रोध बड़ी दुर्बलता जीवन की !
यह एक बहुत बुराई है !!!
बना देती खोखला सुन्दर व्यक्तित्व को,
लगा देती है ग्रहण,
हमारी शख़्सियत के गुण-समूहों पर !
सब संबंधों की बिगड़ाई है।

क्रोध स्लो पॉयज़न है !
पीते हम ख़ुद, सोचकर; मर जाये कोई और !
दर्दनाक अधिक होते हैं गुस्से के कई ठौर,
बनिस्बत उसका कारण !
क्रोध-पलों में लेता है बचा, हज़ार पलों के खेद,
धैर्य के एक क्षण का मेद।

क्रोध नहीं है चीज़ काम की !
क्रोध को तुम जब तक स्वीकारोगे,
क्रोध मन में भरा रहेगा।
कर दोगे जब बंद मानना उसे,
वो ख़ुद जीवन और दिमाग से
बिल्कुल बाहर चला जाएगा।

कर दो उसका असहमान !
हर सुबह सबसे पहले करो,

अपने प्रभु को याद-विचार,
और करो मुस्कुराते यह प्रतिज्ञान !
"क्रोध नहीं अब मेरे जीवन में।
करता मैं क्रोध का प्रतिकार ।"

जो हैं जानते रहस्य कर्मों का,
नहीं कभी वे करते क्रोध,
और ना कभी शिकायत करते।
जो प्राप्त है, मान उसे ईश्वर की मर्ज़ी,
बस मुस्कुरा देते हैं
और दे देते इच्छाओं को विराम की अर्ज़ी ।

गीता में भगवान श्रीकृष्ण ने कहा
**"क्रोधाद्भवति सम्मोहः सम्मोहात्स्मृतिविभ्रमः।
स्मृतिभ्रंशाद बुद्धिनाशो बुद्धिनाशात्प्रणश्यति।"**

क्रोध से उत्पन्न होती मूढ़ता !
उससे हो जाती स्मृति भ्रांत !!
जिससे हो जाता बुद्धि-नाश !!!

क्रोध के कारण हो जाती है,
सोच-समझ की क्षमता भ्रष्ट।
क्रोधी को मिलता नहीं,
अच्छे कर्मों का फल !
और भोगने पड़ते हैं कई तरह के कष्ट।

मुस्कराहट है एक शक्तिमान संक्रामक-
-अभिव्यक्ति मन की;
जो करके दूर तनाव और चिन्ता ख़ुद की
और आस-पास सब जन की,
सबके दिल औ’ दिमाग में आराम ला देती है।
दिन और माहौल को रोशन बना देती है।
बात इसको ना झुठलाया करो !
हंस के बोला करो...बुलाया करो।

पूजा बन गई चाटुकारिता...

देवता हों या इन्सान अप्रच्छन्न,
होते रहे हैं सभी प्रसन्न,
पूजा और नैवेद्य-भेंट से !
बात उन युगों की और थी,
जब ग्रहण-कर्ता व दान-कर्ता दोनों,
होते थे सुपात्र, सच्ची भावनाओं से परिपूर्ण,
स्वार्थ के माया-मोह से किंचित अपूर्ण;
यानि ग्रहण करने के सच्चे अधिकारी अभिग्राही,
और दानकर्ता पवित्र, नि:स्वार्थ व योग्य सत्याग्रही।
था एक आधारभूत धर्म, अनिवार्य !
दे सकने वाले और लेने वाले का-
स्वार्थहीन प्राकृतिक बैलेंस सु-धार्य।

पर जब भी बिगड़ा ये संतुलन;
दोनों में से एक में भी हुई, पथ अपने से भटकन;
प्रसन्नता की धर्म से हो गई अनबन।
नहीं मानो तो देख लो उठा कर,
अपने अपने पवित्र शास्त्र ग्रन्थों को,
जब जब दोनों में से एक भी पात्र अयोग्य हुआ,
सुन्दर भावनाओं का चिरंतन वियोग हुआ,

जैसे, जब देवताओं को राक्षस करने लगे प्रसन्न,
छीन लेने लगे वरदान,
और करने लगे मानव प्रसन्न, राक्षसों को,
करके गुणीजनों का खुला अपमान,
हुआ सदा सज्जन दुःखी व आसन्न-परेशान,

धीरे-धीरे कलियुग आया,
दुर्भावनाओं ने आसन जमाया,
दुःस्वार्थों का बादल छाया,
'एक' क्या 'दोनों' पात्र बन गए कुपात्र,
लालची, स्वार्थी व स्व-केन्द्रित;
पूजा बन गई चाटुकारिता,
और भेंट-नैवेद्य हुआ,
'पीली-धातु : माया-कांचन'
गुणीजन फिर से हो गये मरणासन्न,
सर्वनाश हो गया विश्व का,
हर तरफ़ हैं राक्षस; कर्ता हों या धर्ता,
अब तो दीखता ही नहीं बैलेंस,
क्योंकि वो हो चुका बे-लैंस महान !
धर्म ग्लानित हुआ,
हुआ अधर्म का अयुत्थान।
धर्म हो या अधर्म,
अब तो सबकुछ बिकता है,
इस हाट-बाज़ार में जहां,
देव, दनुज का चालीसा लिखता है।

पर तुम ही ने कहा था;
"यदा यदा हि धर्मस्य ग्लानिर्भवति....."
जब जब 'ग्लानि' होती इस धर्म की,
लेता हूं मैं अवतार,
फिर से ठीक करने को बिगड़ा,
धर्म-बैलेंस निर्धार।
हुआ शिथिल कर-कर के चीत्कार।
कब लोगे अवतार धरा पर,
कब आओगे पालनहार ?
बहुत हो चुकी 'ग्लानि' धर्म की,
गलित हो गया सज्जन मन,
आ जाओ अब तो, आ भी जाओ !!!
कर दो चिर-प्रतीक्षित संतुलन।
पूजा बन गई चाटुकारिता....
सज्जन हो गये मरणासन्न।

एहसास अकेलेपन का...

"इंसान सामाजिक प्राणी है,
अकेलेपन से डरता है"
ऐसा कहा जाता है सदियों से ।
पर सिर्फ़ कहने सुनने से नहीं होता,
होता है सच्चा एहसास,
सिर्फ़ ख़ुद को एहसास होने से ।
कहा तो बहुत गया है ये भी कि;
"जिसके पैर ना पड़ी बिवाई,
वो क्या जाने पीर पराई " ।
यानि जब तक ख़ुद के पैरों में
छाले न पड़ें,
नहीं कुछ एहसास होता दर्द का ।

पर अकेलापन दर्द नहीं;
एक मौका है ख़ुद को खोजने का !
अपने-आप को समझने का।
अपने शौक और रुचियों को
आगे बढ़ाने का।
आत्म-वार्ता, आत्म-मूल्यांकन से
आत्म-विश्वास बढ़ाने का,

ख़ुद को मजबूत बनाने का,
आध्यात्मिक पक्ष जगाने का
उच्च शक्ति से जुड़ जाने का
अपने साथ समय बिताने का,
शांति व सुकून पाने का।
प्रकृति-पुरुष के साथ जुड़कर,
जीवन-लक्ष्य समझ पाने का !
ये एक अवस्था नहीं, भावना है कि,
"मैं अकेला नहीं हूँ, मैं ख़ुदी के साथ हूँ"।
ये एक सुंदर यात्रा है,
औरों से जुड़ने की, ख़ुदा तक पहुंचने की।
कभी भी डरो ना इससे, स्वीकार करो !
और धैर्य व आत्म-करुणा के साथ आगे बढ़ो !
ख़ुद को नई नज़र से देखो,
और पहचानो,
अपने सकारात्मक स्वरूप को।
हंसकर करो स्वीकार !
करो ना प्रतिकार !
सचमुच कितना सुन्दर है
एहसास अकेलेपन का।
एहसास अकेलेपन का ।।

मैग्नेटिक (चुम्बकीय) होना...

कहा गया...
"जो चाहो कि सब दिल से आकृष्ट हों, तुम्हारी ओर।"
तो कहा गया, सुनो !

जब तुम ख़ुद से करते प्रेम;
दमक जाते हो अन्तर्मन की उज्ज्वल शक्ति से,
एक चुम्बकत्व जो प्रकाश की तरह चमकता है !
तो फ़िर सबसे करते प्यार।
होता है उत्पन्न;
एक सौम्य खिंचाव, एक हृदय-स्पर्शी हवा,
आपकी जीवंत उपस्थिति, ऊर्जावान आलिंगन,
मिलनसार मुस्कुराता चेहरा;
जिसे सब जानना चाहें, मिलना चाहें !
सुखदायक-संगीत से सौम्य-मधुर शब्द आपके,
ब्रह्मांड से मिला चित्ताकर्षक-उपहार-रूप;
हृदय आपका शान्ति व प्रेम का अभयारण्य,
जो दिलों को प्यार से भर देता है।
तब करते हो आकर्षित उन लोगों को;
जो करते प्यार तुम्हें,
आदर-सम्मान तुम्हारी एनर्जी का !

ये सबकुछ शुरु होता है;
तुम्हारे आत्म-बोध से, स्वत्व-ज्ञान से !
और तब जन्मती है;
सकारात्मकता, समानुभूति व कृतज्ञता,
उत्साह और सच्ची विशुद्ध रुचि,
प्रामाणिकता और अतिसंवेदनशीलता,
सौहार्द और दयालुता।
और तुम ख़ुद को योग्य, मूल्यवान,
व काबिल-सुपात्र महसूस करने लगते हो;
वो सर्वश्रेष्ठ पाने को;
जो ज़िन्दगी को तुम्हें भेंट करना है।
यही है तुम्हारी मैग्नेटिज़्म !
यही है तुम्हारा चुम्बकत्व !!
यही है मैग्नेटिक होना !!!
यही है चुम्बकीय होना।

लॉकडाउन का कवित्व-बोध

जीवनी मेरी का यूं फ़साना हुआ;
पूर्ण वस्त्रावृत-वादी हुआ करता था !
अब दीवारों को ओढ़ता हूं !
दिन-रात रात-दिन,
दीवारों, बस दीवारों के साथ,
ऐसा मेरा दोस्ताना हुआ;
कि मैं दिगम्बर हो गया !
इक अकेलेपन से जैसे;
मेरा स्वयंवर हो गया !!

कबके लिये और क्यूं कहा गया था
'दीवार-ओ-दर को ग़ौर से पहचान लीजिए' ?
अच्छे से समझ आ गया अब !
याद रक्खेंगे फ़रिश्ते भी कई जन्मों तक।
चूंकि दीवार-मोह के बंधन जकड़े,
'मुक्ति' तो होनी ही नहीं !!!
बार-बार यहीं आना है,
कोविड के साथ जनम जनम का,
रिश्ता तो हमें निभाना है,
फ़िर से मुक्तक वो ही गाना है ।

क्योंकि धृष्ट फ़ितरत मेरी बदलेगी नहीं,
जन्म-जन्मांतरों तक,
जीवनी मेरी का ये ही फ़साना है।

क्लिनिकल ट्रायल

मैं माडर्न हूं, नहीं देहाती !
बिना क्लिनिकल ट्रायल के,
कोई भी बात मुझे नहीं भाती।
बेशक होंगे तजुर्बे करोड़ों वय के,
वेद-वेदांत, ॠषि-मुनियों की जय के
सब के सब्ब हैं बेकार !!
नहीं मानूंगा कुछ भी,
मैं तो करूंगा हर जनम में
अपने नये 'चक्र' का आविष्कार।

दुनिया बढ़ गई कितनी ऊपर !
क्या ढकोसला है ये;
'सादा जीवन उच्च विचार' !!
आज की पीढ़ी भौतिकता पर,
कितनी खुश है, कितनी अघाती !!!
बिना क्लिनिकल ट्रायल के,
कोई भी बात मुझे नहीं भाती।

अब माने जब कोरोना में,
परिवार सारा रो गया !!!

अपना बाप, बेटा अपना खो गया।
पैरों तले ज़मीन खिसक गई,
कैसा ये क्लिनिकल ट्रायल हो गया ?
हैरानी क्यूं, जब तय था ये तो !
'मानूंगा नहीं तब तक, जब तक,
ना हो जाये दुर्बाद सारा जहां !!!
मर जायें सब अपने, चाहे दिन-राती !'
क्योंकि,
बिना क्लिनिकल ट्रायल के,
कोई भी बात मुझे नहीं भाती।

'बिग बैंग' थ्योरी से कित्तना पहले
गुरु नानक ने बतलाया :
"अव्वल अल्ला नूर उपाया, कुदरत के सब बंदे,
एक नूर से सब जग उपज्या, कौन भले को मंदे."

बहुत पहले ही वैज्ञानिक क्लिनिकल ट्रायलों से
ऋषियों ने हमें बता दिया ही था !
"सृष्टि के आरम्भ में हम सब का उद्गम स्रोत,
वो एक परम-शुद्ध चेतना स्वरूप अनंत ऊर्जा
_का ज्योति-पुंज (नूर) ही था।"_
अब तो सिर्फ़ ज़रूरत है;
सभी प्रतिपादित व सुप्रतिष्ठित तथ्यों को
ख़ुद में समाहित करके सच को पहचानने की,
न कि उन सब को नकारते हुए
हर बात को 'क्लिनिकल ट्रायल' की बलिवेदी पर चढ़ा देने की।

कोविड हो, कोल्ड-वेव या हॉट अप्रतिबल,
एकता ही है संबल सबल।
ऋतुएं तो जाती हैं बदल !
एकता प्राचीन व समीचीन की,
क्लिनिकल ट्रायल की ज़रूरत बिना,
मन को बनाती हैं सबल।

मृत्यु-चोट की आशंका में, नई दवा से,
नवजीवन की आशा हो,
वो उम्मीद, वो ट्रायल अच्छा है,
जो जीवन बदल दे।
पर सभी सिद्ध जीवन-मूल्यों के
पुनर्मूल्यांकन का क्लिनिकल ट्रायल ?
कहना उनको "वो देहाती" !
नहीं यह बात समझ में आती।
मैं माडर्न हूं
बिना क्लिनिकल ट्रायल के,
कोई भी बात मुझे नहीं भाती ???

फ़ेवर में मेरे...

फ़ेवर में मेरे होता गर ख़ुदारा !
ज़माने में मेरा भी नाम हो गया होता !!
यूं ही अकेला ना पड़ा रह जाता ज़मीं पे,
छोटा ही सही, मेरा भी,
एक हिस्सा-ए-बाम हो गया होता !!!
चांद आ जाता अगर इस धरा पे,
रौशन रुखसार-ए-शाम हो गया होता।

डूबा है मन मेरा अभी घने कोहरे में,
धूप ठिठकी खड़ी है असमंजस दोहरे में,
अभी निकलूं या तभी निकलूं !!
कर्म करूं या करूं;
सिर्फ़ ख़ुदा के फ़ेवर का इन्तज़ार ?
सजा चुका ये मन मुआ,
इक मोहरा, हर इक मोहरे में ।

इस क़दर बसा है 'ख़ुदा का फ़ेवर' मेरे दिल में,
कर्म करना बस फ़बता नहीं दिले-गाफ़िल में !
वो एक प्यार की लौ,
जो कभी ख़ुद बुझती ही नहीं,

मेरी आत्मा को जगाती है,
मेरी जिंदगी को रोशन करती है।

मैं तेरा शुक्रगुज़ार हूँ, ख़ुदा मेरे !
तेरी कृपा से मैं जीवित हूँ,
तेरी मेहर से मैं खुश हूँ !
तेरा फ़ेवर मेरे दिल में बसा है,
तेरा प्यार मेरी जान में बसा है
तू मेरा रास्ता दिखाता है, तू मेरा सहारा है !!
तू मेरी आत्मा को शांति देता है,
तू मेरी जिंदगी को अर्थ देता है।

पर जानता हूं;
किये बगैर कोई कर्म, ना पाउंगा तेरा करम,
क्यों कि सब जानते हैं;
पुरुषार्थ बिना,
फ़ेवर में मेरे हो ही नहीं सकता ख़ुदारा।

सबकुछ भीतर है

जिस तरह अपना प्रतिबिम्ब दर्पण में रहता है
उसी तरह ईश्वर अपना अपने अर्पण में बसता है ।

सब कुछ भीतर है; तुम्हारी शक्ति भी,
अंतरात्मा की बात, आत्मा की भक्ति भी !
तुम्हारी आत्मा में, तुम्हारी सोच में।
तुम्हारे भीतर ही तुम्हारा सबसे बड़ा शत्रु है,
तुम्हारे डर, तुम्हारी कमज़ोरियाँ।
लेकिन तुम्हारे भीतर ही तुम्हारी
सबसे बड़ी जीत भी है !
तुम्हारी आत्मा की जीत, तुम्हारी सोच की जीत।
तुम्हारे भीतर ही तुम्हारा सबसे बड़ा खज़ाना है,
वही तुम्हारी सोच, तुम्हारी आत्मा को पा जाना है।
तुम्हारे भीतर ही तुम्हारा भविष्य है,
तुम्हारे निर्णयों में, तुम्हारे सपनों में।

उसे बाहर कहां खोज रहा !
भटक के सारी कायनात में भी,
उसे ढूंढ नहीं पायेगा तू !
या कह दे कि ज़रूरत क्या है उसकी !!!

मैं तो ख़ुद ही ख़ुदा हूं,
मुझे वो ही ढूंढ लेगा, ग़र है बस में उसकी !!

तू ख़ुदा कभी नहीं हो सकता !
जिस तरह तेरा अक्स आईने में रहता है,
उसी तरह तेरा ख़ुदा तेरे भीतर में बसता है।
जिस तरह अपना प्रतिबिम्ब दर्पण में रहता है,
उसी तरह ईश्वर अपना अपने अर्पण में बसता है।

ख़ुद को अर्पण करके, जो तू भीतर जायेगा,
दावा है मेरा, भटके बिना, तुरत उसे तू पा जायेगा।

हमारे बच्चे...

उम्र का एक बड़ा अरसा गुज़ार कर,
तजुर्बों का सन्दूक माथे पे लाद कर,
ज़माने-भर में अनुभवी-बुजुर्ग कहला कर,
हम फ़िर से बच्चे हो गए !
क्योंकि बच्चे हमारे बड़े हो गए।

"ऐसा करो,वैसा ना किया करो,
ये खाओ, वो ना खाया करो,
हेल्थ के लिए अच्छा है; सूप पिया करो,
दिन भर मोबाइल में ना झांको,
आखों पर असर पड़ेगा !
कुछ कम्प्यूटर भी सीख लिया करो।
बाहर वॉक को नहीं जा पाते तो,
कभी घर में ही घूम लिया करो,
अब तुम्हारी उम्र बढ़ रही है, बचपना छोड़ो,
समझदारी की बातें किया करो!
जो काम कर पाओ वही किया करो,
जब नहीं बनता तो मत ही किया करो,
किसी से कह दिया करो !"

कहा जाता है हमको,
हम भी हां में हां मिला देते हैं,
जैसे सब सीख गए!
हम जानते हैं; वो स्नेह-अनुराग जताते हैं।
खीज जाते हैं कभी, कभी ज़िद में रूठ जाते हैं,
पर जल्द ही मान भी जाते हैं,
कुल्फ़ी पान-वाली मीठी देख ललचा जाते हैं!!

क्या करें जाएं भी कहां,
अपने तो अपने ही होते हैं!
यही सोच हम फिर से जुट जाते हैं।
हम फ़िर से बच्चे हो जाते हैं,
बच्चे सच्चे हो गए,
क्योंकि बच्चे हमारे बड़े हो गए !

लॉकडाउन में वॉक

सब कहते हैं हैल्थ ज़रूरी,
उसके लिये है
टॉक ज़रूरी वॉक ज़रूरी।
एडमिनिस्ट्रेटर हो तुम !
मीठापन कंट्रोल करो ना,
क्यों ये कड़वा लॉक ज़रूरी।

कोविड ने सब ताले डाले,
बाहर जाना नामुमकिन है,
घर में रहना और भी मुश्किल।
तीन जनों में कितना टॉकूं,
बस यही गनीमत, रहें सब हिलमिल।

पार्क-वॉक जो कदम उठाया,
इक झिड़की में रुक जाता है,
ख़ाक करूं वॉक ड्राइंग रूम में,
मिडिल क्लास मुझ सा बेचारा;
बस दस पग में मुक जाता है।
चलने हों जो तीस कदम भी,
सेन्टर टेबल के चक्कर काटो,

मारो टक्कर, खाके चक्कर,
गिरो ज़मीं पे, मिट्टी चाटो।

मेरी मानो;
बस कड़वे कड़वे घूंट भरो तुम,
मीठापन हो जाता है गुम,
समझ अभी भी ना आया तो,
ये बुद्धि की जड़ता है।
अरे करना हो बैलेंस स्वीट का,
तो कड़वा ही पीना पड़ता है।

मिडिल क्लास हो, तो मानो हो !
करो संतोष, है जो पाया,
वही हुआ है सर्व तुम्हें, जो
अपने कर्मों से आर्डर दिलवाया।
उस से ज़्यादा परोस पाये,
कोई, ऐसा नहीं उपाया ।
बातें बाकी भूल जाओ तुम,
बस हैल्थ ज़रूरी है भाया।
टॉक ज़रूरी वॉक ज़रूरी
हर कोई ये ही कहता आया।

करो स्वीकार

स्वीकृति-अस्वीकृति, गुणों-अवगुणों की,
जीवन की अति महत्वपूर्ण फ़लकें हैं।
देखो कैसे अर्थ बदल जाते;
हम हुए चमत्कृत से दमके हैं।

करो 'अस्वीकार' अनचाही घटना को;
तो वह 'क्रोध' बन जाता है !
करो 'स्वीकार' तो वही,
'सहनशीलता' हो जाता है।

जब हम नहीं मानते, 'अनिश्चितता';
तो वह 'डर' बन जाता है !
कर लेते 'स्वीकार' उसे तो,
वह 'साहस' कहलाता है।

जब हम नहीं मानते,
दूसरों का हमारे प्रति बुरा व्यवहार;
तो वह 'नफ़रत' बन जाता है !
करो 'स्वीकार' इसे तो,
यह 'क्षमा' बन जाता है।

जब हम नहीं मानते,
दूसरों की सफलता;
यह ‘ईर्ष्या’ बन जाती है !
करो ‘स्वीकार’ इसे तो,
यह ‘प्रेरणा’ बन जाता है।

जीवन को अच्छी तरह से
संभालने की कुंजी
गुणों की ‘स्वीकृति’ है !
‘अस्वीकृति’ क्रोध, भय, घृणा, ईर्ष्या
से अवगुणों की, अमृत है !
इनकी ‘स्वीकृति’
बन जाती हमारे लिए ही ज़हरीला अम्ल है !!

‘स्वीकृति’ से हमें मिलता आत्मविश्वास,
और संतुष्टि-खुशी मिलती है !
‘अस्वीकृति’ हमें सिखाती है;
आत्म-मूल्यांकन और सुधार के प्रयास।

बस है आवश्यक;
‘स्वीकृति’-’अस्वीकृति’ के बीच संतुलन !
लें ‘स्वीकृति’ को संतुष्टि के रूप में,
न कि अहंकार के रूप में !
अस्वीकृति को सीखने के अवसर के रूप में,
न कि निराशा के रूप में।

दोनों को सकारात्मकता से संतुलित रखें,
और जीवन में आगे बढ़ने के लिए उपयोग करें।

शुभ-मुहूर्त

बिना मुहूर्त जन्मता,
और बिन मुहूर्त मर जाता है,
पर जीवन भर 'शुभ-मुहूर्त' के पीछे,
भागता रह जाता है।

यही वास्तविकता है जीवन की !
कितना भी करें प्रयास,
नहीं मिलती है कोई आस;
जन्म-मरण नियंत्रण की।
लेकिन रहती तलाश जीवन भर,
शुभ मुहूर्त के दर्शन की।

ज़रूरत है जीवन की सच्चाई समझने की
जीवन-मूल्यों को पहचानने की
जीवन के हर पल को जीने की,
उसका आनंद उठाने की।

जीवन भर शुभ मुहूर्त के पीछे भागना,
कभी न खत्म होने वाली दौड़ है।

हर काम के लिए शुभ मुहूर्त की तलाश,
जीवन को सफल-सार्थक बनाने का,
एक असफ़ल मोड़ है।

लेकिन क्या यह दौड़ कभी खत्म होती है?
क्या शुभ मुहूर्त जीवन की सफलता की गारंटी है?
या यह सिर्फ एक मानसिक संतुष्टि है !
और जीवन को जटिल बनाती है !!

जीवन भर शुभ मुहूर्त के पीछे भागने से,
हम जीवन के सही मूल्यों को भूल जाते हैं।
हम जीवन के हर पल को जीने की जगह,
शुभ मुहूर्त की तलाश में समय बिताते हैं।

समय की धारा में ख़ुद शुभ-मुहूर्त आता है,
साथी बनता है जीवन-यात्रा में सफलता का।
शुभ मुहूर्त में किए गए कार्य सफल होते हैं,
और जीवन में समृद्धि और सुख आता है।

बंधा हुआ प्रारब्ध से अपने,
मुहूरत-शुभ ना तू पा पायेगा,
जितना मिलना, जो जो मिलना,
ख़ुद चल के आता जायेगा।

इसलिए ग़म ना कर,
इस दौड़ को छोड़, बस उद्यम कर,

वर्ना हाथ में आया पल भी तू,
व्यर्थ गंवाएगा,
कुछ भोग नहीं पाएगा,
बिन मुहूर्त जन्मा है,
वैसे ही मर जाएगा।

ज़िन्दगी चालाक है...

"ज़िन्दगी चालाक है, एक धोखा है,
दुःख का मौका है."
से इतर, जीवन के बारे में एक नया दृष्टिकोण !!!

ज़िन्दगी तो ना चालाक है और ना चालक
किसी यान की,
वो तो है एक सौम्य परिचारिका;
जो हमें प्रतिदिन नई चुनौतियों और अवसरों से परिचित कराती है,
और परिचय कराती है मेरी परिपक्वता की प्रगति से
और मुझे आगे बढ़ाती है।

वो मुझे नई राहें दिखाती है,
नई चुनौतियों का सामना करने के लिए,
मुझे सशक्त बनाती है,
और मेरी आत्मा को जागृत करती है।

और करती है मेरा मार्ग पुष्ट व प्रशस्त,
जीवन-नियंता तक फ़िर से पहुंच पाने के लिए !
वो मुझे मार्ग दिखाती है।

वो मुझे अपनी क्षमता का एहसास कराती है,
और मुझे जीवन के सच्चे अर्थ को समझाती है।

ज़िन्दगी तो ना चालाक है और ना चालक
किसी यान की, वो तो है एक सौम्य परिचारिका।

गुरु का आभार

आभारी हूं, बलिहारी हूं,
गुरु-चरणों पर शीश नवाऊं,
अपना 'ध्यान' बंटाया अकिंचन पर,
तत्व-ज्ञान सब बता दिया,
मेरे मन से सभी भ्रमों का,
पर्दा जैसे हटा दिया।

गुरु-कृपा अपरिमित प्रकाश है,
सीमा उसकी अनंत आकाश है।
गुरु-कृपा से जीवन सार्थक,
वो ही है सच्चा मार्गदर्शक।

धन्यवाद गुरु को हृदय से,
जीवन-मूल्य मुझे सिखा दिया,
प्रेरित कर इंसान बनाया,
और कुछ बांटने लायक बना दिया।

करो कृपा, ये भाव-पुंज यूं ही सदा घना रहे !
मेरे सिर पर, ये आशिष यूं ही बना रहे !
गुरु का, गुरु-तत्वों का आशीर्वाद सदा रहे !!!

ओवरथिंकिंग

कहा गया है;
थिंक ट्वाइस बिफ़ोर यू एक्ट;
याने; कार्य करने से पहले दो बार सोचें !!

करने कोई भी काम या फैसला लेने से पहले
ख़ूब सोचा जाता है !
ये इंसानी नेचुरल स्वभाव सही कहाता है।
लेकिन जब यह स्वभाव हद से ज्यादा बढ़ जाए
तो ओवरथिंकिंग कहलाता है।

ओवरथिंकिंग मतलब;
बहुत ज़्यादा सोचना किसी भी बात पर
अनावश्यक रूप से,
या उसका विश्लेषण करना,
और करते ही चले जाना।
जैसे लगातार रस्सी पर चलते जाना।

मानो या ना मानो !
ओवरथिंकिंग है रिज़ल्ट; अतीत-चिंतन प्लस
भविष्य-चिन्ता के कॉम्बिनेशन का !

यह होता है तब,
इस हद तक सोचता है जब,
कोई किसी बात पर,
जीवन को बाधित देता है कर ।

हद से ज़्यादा बढ़ जाए ओवरथिंकिंग,
तो हो जाता है मानसिक असंतुलन,
रिलेशनशिप, काम, हेल्थ,
और प्रभावित हो जाता है मन।

संवेदनशील दिल के साथ
अत्यधिक सोचने वाला दिमाग हो,
तो जीवन आसान नहीं होता !
थकान महसूस होती है,
दिलो-दिमाग पर बोझ बढ़ जाता है।

जाने क्यों, मेरे मन में चलती है एक दौड़,
विचारों की भीड़, नहीं है थौड़।
एक सवाल आता, हज़ार उठते हैं,
मिलता नहीं सही जवाब !!!
मैं सोचता हूँ, सोचता हूँ, सोचता रहता हूँ,
मेरा मन भटकता है, कभी यहाँ, कभी वहाँ,
और मैं खो जाता हूँ, अपने ही में !!!

ओवरथिंकिंग की यह बीमारी,
धीरे-धीरे मुझे खाए जा रही,
मैं सोचता हूँ, सोचता ही रह जाता हूँ,

बार-बार, अनगिनत बार,
लेकिन विचारों की धारा नहीं रुकती।
मुझे किसी किनारे पर ठहरी,
कश्ती कभी नहीं मिलती।

ओवरथिंकिंग के बुरे बहुत प्रभाव हैं,
इससे छुटकारे के लिए, दिये कुछ सुझाव हैं।

सबसे पहले भूलो अतीत को,
भविष्य के लिए कोई ठोस काम करो !
फ़िर करके कुछ पसंदीदा एक्टिविटी,
माइंड का आराम करो !!!
अपनाओ सकारात्मक विचार,
लिखना उनको आठों याम करो।

छोड़ो फ़िज़ूल की बातों को !
थोड़े रिस्क का प्रयास करो;
क्विक डिसीज़न का अभ्यास करो !
शांति-धैर्य को अपनाओ,
प्रणायाम-ध्यान-योग की क्लास करो,
अपने पर विश्वास धरो !!!

वर्ना लाखों बार सोचने से भी कुछ नहीं होता :
"सोचै सोच ना होवई, जो सोचे लख वार"

बचपन की छापें - पार्ट 1

ए बचपन !
आज फ़िर दिल में तेरी खोई हुई याद आई,
जैसे वीराने में चुपके से बहार आ जाये ।
जैसे सहराओं में हौले से चले बाद-ए-नसीम,
और किसी बीमार को बेवज़ह करार आ जाये ।

आज अचानक जैसे मानस-पटल के
रंगमंच पर व्याप्त सारे परदे हट गये ।
अवचेतन में सोये
बचपन के सब स्मृति-बीजों के भंवर
तैर कर
मूलाधार से कूटस्थ (आज्ञा-चक्र) में आ गये ।
जैसे मेरुदंड-मूल में सोयी कुण्डलिनी
जागृत होकर सुषुम्ना के यातायात से
षट्चक्रों का भेदन कर सहस्रार में खो गई ।
पीनियल जाग गई, एड्रेनल सो गई ।
ऐसा है एंडोक्राइन सिस्टम ?
पहली बार पता लगा !
सब कुछ साफ़-साफ़ दीखने लगा ।

करीब इकसठ बरस पहले की बात थी
शायद सन् साठ के आस-पास की
जवाहर गंज की उस गली का
वो दुमंज़िला मकान
जिसमें मैंने इस जीवन का
होश संभाला
याद हैं हमारे मालिक-मकान
लाला बनवारी लाल आलू वाले
फ़र्स्ट फ़्लोर के उस पोर्शन का
सवा रुपया किराया पाते थे
अपनी फ़सलों
महेंदर, सुरो, बिमला, मिथलेश
पे कितना इतराते थे

साथ हमारे पोर्शन के उसी फ़्लोर पे
प्रोफ़ेसर गुप्ता जी रहते थे
पत्नी उनकी को हम
बुआ जी कह पाते थे ।
गुप्ता जी का सिर्फ़ शौक़ एक था
सौंफ़, इलायची, चूना, कत्था
सुखा के धूप में हाथों-हत्था
घुटवा के छनवा के बुआ जी से,
पिपरमिंट मिला के
माउथ फ्रेशनर बनवाना
आकर 'कौलिज' से
खाना खाकर अपने ड्राइंग रूम में
लेट पलंग पे आराम फ़रमाना

मुंह में डाले वो माउथ फ्रेशनर
उसी पोज़ में सो जाना
और हम ताड़ के मौका
देके उनको धोखा
उनकी डब्बी से सिर्फ़ आधा चम्मच
(ईमानदारी से), वो ठंडा फ्रेशनर
डाल के मुंह में, भाग आते ।
और पढ़ के पापा जी की
'ट्वैल्व-टिश्यू रेमेडीज़'
गुप्ता जी की अल्मारी में रखी
'बायोकैमिक' दवाओं की शीशियों पे
अपने अनुसंधान आज़माते ।
हम दोनों परिवारों की कॉमन विशाल बालकनी विभाजित थी
लकड़ी के सिर्फ़ एक पतले पार्टीशन से ।
हम अपनी साइड पे बिछी खाट पे
पसर के, पार्टीशन से कान भिड़ा के
गुप्ता जी के रेडियो पे बजते
विविध भारती का 'हवामहल'
और 'भूले-बिसरे गीत' एन्जॉय किया करते ।

गली की भद्र महिलाओं का पास्टाइम था
हफ़्ते में एक बार लंच के बाद
मकान के ग्राउंड फ़्लोर पे
लाला के यहां इकट्ठे होना
जहां ललाइन घर के 'चौक' के बरामदे के
एक कोने में चौकी पे
छोटा सा मंदिर सजा देती थी

फ़िर होता था शाम तक
चिमटे, मंजीरे के साथ ढोलक की थाप पर
मस्त कीर्तन ....
"इकली खेल रही मधुबन में
स्याम तैने कैसे जानी रे
कैसे जानी रे, स्याम तैने कैसे जानी रे ...."
"कैसे जानी रे......" ?
कृष्ण तो स्थिर-प्राण हैं, स्थित-प्रज्ञ हैं,
सर्वक्षमताशाली हैं, सर्वव्यापी हैं, सर्वज्ञ हैं ।
और मधुबन में बैठी गोपियां, योगी हैं ।
जो एकान्त में, गोपन में साधना करते हैं
वो ही कहलाते गोपी हैं ।
गोपी अपने शरीर रूपी वृन्दावन में
इस जीवन-कृष्ण प्रकाश-रूप के
आगमन की प्रतीक्षा सर्वदा करती रहती हैं ।
राधा तो गोपी है, गोपी तो योगी है ।
जीवन के 'मधुबन' में 'इकली'
आत्म-प्राण-कर्म के 'खेल' में मगन,
ईश्वर (कृष्ण) के प्रकाश रूप को पाने की है लगन।

कृष्ण सब 'जाने' हैं- कौन किस कर्म में लगा है ।
वाह !
कितना गंभीर सार्थक कीर्तन था वो !
और हम अपनी फ़र्स्ट फ़्लोर के
उस चौक में खुलते 'बरांडे' से
उस मनभावन दृश्य का अवलोकन
करते हुए 'परसाद' के दूधिया

बड़े बताशों के मिलने का
इन्तज़ार करते थे
जिनका स्वाद बिल्कुल कन्हैया
के नवनीत सा होता था।
फ़िर तीन दिनों तक दिल-ओ-दिमाग
में "इकली खेल रही मधुबन में..."
दिन-रात गूंजता रहता था
शास्त्रों में शायद इसी 'गूंजन' को
'अजपा-जप' कहा गया है
इसीलिए कीर्तन और बाह्य पूजा को
ईश्वर तक पहुंचने वाली सीढ़ी की
पहली पायदान कहा गया है ।
असल ईश-पूजा तो है, 'ध्यान' संग बस आत्म-कर्म
या प्राण-कर्म (प्राणायाम) ।
पर इस सीढ़ी के उच्चतम शिखर तक
पहुंचने के लिए पहली पायदान
पर पैर तो रखना ही होगा
अन्यथा 'रिदम' ही नहीं बन पायेगी ।
हाँ बस याद रहे कि जीवन भर
पहली पायदान पर ही कीर्तन
ना करते रह जायें ।

ख़ैर हम भी बड़े हुए
अपने पैरों पे खड़े हुए
गली के 'बुड्ढे के स्कूल' में भर्ती किये गये
'तीसरी' तक पढ़ के भी
फ़िर 'नॉर्मल स्कूल' में 'पहली' में दाखिल किये।

कोई डर नहीं था किसी तरह का
इसीलिए एक अकेला बच्चा
पहने निक्कर पैदल-पैदल
टांगे कांधे पे भारी बस्ता
लिये हाथ में 'श्याई की दवात'
जाता-आता था तीन कि.मी. दूर
'नार्मल स्कूल', करके पार 'टोंढाल'
पता चला कि वो था 'टाउन-हॉल'।
पर खुश था वो देख-देख के
शुद्ध सुरक्षित जीवन की शांतता
क्योंकि सिर्फ़ पौज़िटिविटी थी संग,
और नहीं कोई भयाक्रांतता ।
शरारत बस कभी-कभी
इतनी करता था
वापसी में स्कूल से मिल जाये
अतरपुरा चौराहे पे
सेठ ताराचंद की घोड़ा-बग्घी
तो बैठ के उसकी पिछली पायदान पे
तब तक सफ़र करता था जब तक
आगे ऊपर बैठे बग्घी के कोचवान का
लम्बा हंटर लहराता हवा में
पीछे हम तक लपकता था ।
बस तब मुझे भी मुस्कुराते हुए कूद के
अपनी गली की तरफ़ भागने में
एक आंख ही झपकती थी ।
कुछ भी हो

पापा जी की 'रॉबिन हुड' साइकिल भी
'लैम्बोर्गिनी' से कम नहीं लगती थी ।

स्कूल में 'रेसिस' जब हो ली
'मामा के ठेले' पे 'आग-लगा चूरन'
खाता था, या 'लाल-मुंह की गोली' ।
घर पहुंचा कस के मुंह बन्द कर
पर छुपा न पाया
झाई जी ने चपत लगाई व बोली
नालायक !
परांठा दिया था वो नहीं खाया !
पान कहां से खा के आया ?

सबसे अच्छे लगते थे
दिन समर-वैकेशन्स के
गर्मियों की अलसायी दुपहरियों में
पढ़-पढ़ के जब थक जाते थे सभी रिसाला
'कालिदास', 'शरण मैथिली', 'पंत', 'निराला'
तब चाट ही लेते थे लाडू
'गार्थ/लुमीरे', 'मैनड्रेक/लोथर/ज़ानाडू',
'नंदन', 'पराग', 'धर्मयुग', 'हिन्दुस्तान'
और पी जाते 'शाकुंतलम्-अभिज्ञान'
खा लेते थे पापा जी की 'कामायनी',
'डिस्कवरी आॅफ़ इंडिया'
'कपाल-कुंडला', 'गढ़-कुंडार', 'मृगनयनी'
छांट के घर का कोई कोना
पढ़ लेते थे शेक्सपियर का

'ओथैलो एंड डैस्डीमोना' ।
बीत दुपहरी यूं जाती इन्तज़ार में कि
आयेगी आवाज़ चार बजे ठेले वाले की
तपती लू भरी दोपहरी में
मुंह-सिर पे गमछा लपेटे
तरह-तरह के भुने चने-मुरमुरे
लादे ठेले पे वो था आता
और आवाज़ लगाता
"बाबू जी ले लो गरमागरम चने,
खाओगे चने तो रहोगे बने"......
वाह क्या सोंधा स्वाद था
हल्दी वाले भुंजे चने औ मक्का के दानों का,
एक लिफ़ाफ़ा आ जाता था, सिर्फ़ दो आनों का ।

फ़िर पांच बजे आता था
'रामसरन मटरे वाला'
गर्मियों में लाता था
चुस्की बरफ़ की
आलूदा रबड़ी मलाई की
रबड़ी वाली तीन पैसे की
दो पैसे की सिर्फ़ फ़लूदा और
गुलाब-चीनी-रस बरसाई की
और सर्दियों में लाता था
मटरा गरम और
आलू-टिक्की करके दोफ़ाड़
सेक के क्रिस्प कर देता था

चटनी खट्टी-मिट्ठी के साथ
दो पैसे का पत्ता देता था,
पत्ते की चम्मच के साथ।
गली के सारे बच्चे आते खाते
छोड़ के गर्मी के निःश्वास ।
गर्मी में ठंडक पाने को
शाम समय में
टाउन-हॉल के पार्क में घूमने जाते थे
तभी लगा था सेन्टर में पार्क के
लम्बा ऊंचा बिजली का खम्बा
व्हाइट सा
पहली बार देखी थी उसपे
लगा झुंड छः मरकरी लाइट का ।
नई-नई आई थी तब वो
साड़ी नाइलोन की पहने झ्राई थी
झांक के उनके पल्लू से जो देखा
लाइट-मरकरी इंद्रधनुषी पाई थी ।

शाम समय
जब 'डिनर' को जुटता था परिवार
बरफ़ जो मिली नहीं बाज़ार
मेरी ड्यूटी लग जाती थी
लाने ठंडा पानी कुएं का
'वैज्जी' के ऊपर वाले
'शर्मा जी' के घर से हर बार ।
जाता था मैं दबे-पांव
करता कोशिश करे ना चूं-चूं

कुएं की चकली कर देता गूंगी
क्यों कि शब्द सुनकर
दौड़ी आ जाती थी बाहर
'अम्मा' ममतामयी हर बार
"अरे पप्पू आया है" कहकर
कसकर हृदय लगाती थी
"बिना कुछ खाये जाने ना दूंगी"
कहकर अन्दर बिठाती थी
डाल कटोरी में चाहे लड्डू-पारे नमकीन
खिला-पिला के ही छोड़ती ।
बेशक उधर डिनर को बैठा परिवार
"कहां रह गया पप्पू देखो"
सोच सोच होता हैरान ।
और श्रद्धेय 'बाऊ जी' तो
अपनी 'बैठक' में लेटे होते
'अम्मा' कहती "देखो पप्पू आया है"
प्यार से अपने पास बिठा कर
अमरूद काट के नमक लगा के
देके मुझको पूछते
"बता भई क्या ये भाया है !"

ना मैला-पन रिश्तों में था
ना वातावरण में प्रदूषण
कितना सुन्दर कितना निश्चल
था सारा माहौल वहां तब
चाहे हों अमरनाथ, बरगद, गुलशन, खैराती
हों 'कोने-वाली' के रज्जु, चेतन, पप्पू

या हों 'वैज्जी' के सामने के
ओमी, रमेश
गुट्टल, पिल्लू, पप्पू, राजेंदर,
'लाल जी' के इन्दर, भोलू
गरिमामयी सौरभ दीदी या मंजु बहना
हर रोज़ नाम बदलती कुक्को बहना
भूल सके ये किस के दम में
ज्ञानेंदर, रन्नो या रम्मे ।
थे सब एक घर के बाराती, भाई-बहना
क्या कहना भई क्या ही कहना
गोरे-गुलाबी, काली मूंछों वाले 'वैज्जी'
से आया याद
बिना दरद का पेट-दर्द लिये
हम 'शो' करते थे; "हुए बरबाद"
घर में बने 'वैज्जी' के औषधालय से
'लाल रंग का पाचक चूरन' लेके आते थे
बिन मूंछों के हम, मूंछों में मुस्काते थे ।
प्रदूषण के नाम पे थीं बस
'तारा-मील' की दो चिमनियां
एक पतली थी, पर थी लम्बी
दूसरी मोटी और थी नाटी
बस यही विभाजन था
उनके परिवेशिक 'द्वैत' का
पर बजता था जब सुबह-शाम
'मील' का भोंपू
एक ही तरह की उसकी आवाज़
में सुकड़ के 'अद्वैत' हो जाती थीं ।

काश ऐसा ही हो मानव का अन्दाज़ ।
'द्वैत' हो बेशक में परिवेश
'अद्वैत' हो मन का अन्तर्देश ।
'द्वैत' ही दुःख-भोग का मूल है;
मूल है 'अद्वैत' ही दिव्य आनंद का ।

बचपन की छापें - पार्ट 2

एक दिवस की बात बताऊं
गली में 'रामनिवास' ने पकड़ लिया
छूट के मैंने भागना चाहा
पर उन्होंने जकड़ लिया
'आज तेरा मैं कान कतरूंगा' काकू
कहकर दिखलाया चाकू
डाला चाकू जेब में
और लगे रगड़ने उंगली से मेरा कान
रो-रो जब मैं हुआ हलकान
लेकर गये मुझे अगली गली के
हलवाई की दूकान
डाल मलाई दूध पिलाया
हंसता फ़िर मैं घर को आया
देखा बाहर खिड़की से तो पाया
चिट्ठी लेकर 'राजाराम डाकिया' आया ।

बाद गर्मियों जब चौमासा आता था
तेज बरसती बूंदों से सब तालाब बन जाता था
कागज़ की इक नाव बना के
हम तैराते गली के नाली-पानी में

गीता तब तक पढ़ी नहीं थी
पर शायद पूर्व जनम के ज्ञानी थे
निष्काम-कर्म करते जाते थे
बिना कोई मंत्र-औ-अनुष्ठान
"कर्मण्येवाधिकारस्ते मा फलेषु कदाचन,
मा कर्मफलहेतुर्भुर्मा ते संगोऽस्त्वकर्मणि"।
धर्म-कर्म के नाम पे बस
नागपंचमी पे भेजे जाते थे
पूजने 'गूगा' ठठेरों वाली गली के
अंतिम छोर पे बने शिव-मंदिर में
मंदिर के प्रांगण में स्थित
विशाल पीपल के नीचे
सर्पों के लिये आटे के मीठे गुलगुले
छोड़ के आते थे ।
फ़िर आती जन्माष्टमी
मंदिर सजते गली-गली
होतीं एक्सचेंज रुमाल ढंकी तश्तरियां
अड़ोस-पड़ोस में
धनिया-लौज,
गोले-मग़ाज़ों-चिरौंजियों की बरफ़ियां
गुंजिया-लड्डू-मठरी भली-भली
जाड़े जब आते साथ में लाते
गज़क-रेवड़ी स्वादिष्ट मूंगफली
भुनी हुई भी अच्छी लगती
पर कच्ची भी भाती थीं
क्या बनायेगा हलवाई
ऐसा गाजर-पाक बनाती थी झाई जी ।

'खीस' बंटी मुहल्ले में तो
पता चला वैज्जी की गैय्या ब्याई जी ।
ख़ेल-खाल के सांझ ढले जब हम
घर को वापस आते थे
गली से गुजरते,
कांधे पे टांगे दस किलो की झोली
मूंगफली वाले के कड़क शब्द
"मूंगफली गरमागरम"
कानों से टकराते थे ।
हैरान थे; इतनी सर्दी में "गरमागरम"
कैसे हो सकता है ???
पता चला कि 'वो' रखता था
झोली में मूंगफलियों के ऊपर
एक अंगारों भरी हंडिया
जिसे हिलाते ही राख में दबे अंगारे
भड़क के गरमी फ़ैला देते थे
ठीक उसी तरह से जैसे
मानव का 'सत्चित्' ढंका रहता है
'दुष्-वृत्तियों' की राख से
जिसके हटते ही बन जाता वो
'सत्चित्आनन्द', जो ऊष्म तेज सा बहता है ।

फ़िर 'जाड़ों' में मस्ती आती
मां के हाथ के बुने हुए
चटख रंग के पहन स्वेटर
हम गलियों में इतराते थे
गजक-रेवड़ी भुनी मूंगफली संग

खा-खा के मुटियाते थे
'तारा-मील' की ओर जाता ट्रक
तंग गली में धीमे चलता
उसके पीछे के फट्टों से झांकती
कच्ची मूंगफलियों की बोरियों
में चीची उंगली से छेद बना कर
कच्ची मूंगफलियां निकाल के खाना
बहुत आकर्षक लगता था
मीठा स्वाद मुफ़्त की मूंगफलियों का
दिल को कितना फ़बता था
और याद है जाड़ों की ठिठुराती
निष्ठुर सुबह ने हर बार ।।।
गहरी मेरी नींद गर्म लिहाफ़ में खोली
"तुम शरणाई आया ठाकुर
तुम शरणाई आया"......
पतली सिर्फ़ औरेंज धोतियां लपेटे
गाती तीन साधु-भिक्षुओं की टोली

जाड़ों की सुनहली दोपहर में
'किरकिट' का इक जोश चढ़ा
ईंटों की इक 'विकिट' बनाई
कपड़े की थी 'बॉल' सिलाई
और लकड़ी-फट्टी का 'बैट' गढ़ा
खेल गली में जमा दिया
लगे खेलने सारे खोकर होश
टूटी तंद्रा सुनकर 'पिल्लू भैया' का उद्घोष
"वाह जियो मेरे मिट्टी के शेर"....

आंख खोल कर जो देखा तो पाया था
'छक्का' मैंने लगा दिया था
पर 'बैट' बना लकड़ी का फट्टा
आधा टूट 'बॉल' के पीछे धाया था ।
इतनी मस्ती हम करते थे
'दीपक' के या 'दो बैलों की जोड़ी' के
बिल्ले एक से भाया करते थे ।
इतने में ही खुश हो जाते
कैसे थे हम मुन्ने-नन्ने
मिल जायें चने मूंगफली
मक्खनदार मट्ठा हो, गुड़ की भेली
या हों 'दौलतराम के गन्ने'

जनवरी में 'लोहड़ी' आती
बिल्कुल नहीं मुझे थी भाती
'मांगने' लोहड़ी अड़ोस-पड़ोस में
बच्चों की टोलियां थी जाती
"लोई दे दो लोई दे दो" की आवाज़
लगाती थीं
मैं छोटा था इसीलिए इक दिन
मुझे कहा गया कि जाओ
'शर्मा जी' से लोहड़ी मांग के लाओ
शर्माता-सकुचाता,
फिर भी पहुंच गया मैं घर उनके, वाओ
शाम समय का ठंडा मौसम
अपनी बैठक में बैठे थे
'लोई' लपेट के 'बाऊ जी' गरम-गरम

बोले इस ठंडी में काम ऐसा क्या पड़ गया
पप्पू कैसे आया है
छोटी सी तर्जनी से दबा कर
होठों के किनारे
बिना लाग-लपेट सीधे से
आखिर बोल पड़ा मैं धीमे से
"बाऊ जी लोई दे दो"
चौंक के उठ बैठे बाऊ जी
लोई अपनी और कस के लिपटाई
बोले "तुम्हें कहां से दे दूं
पास मेरे तो एक ही है लोई मेरे भाई"
फ़िर मैंने सही बात उनको समझाई
हंसते हंसते तब बाऊ जी ने
निकाल के तकिये के नीचे से
दी मुझको 'इकन्नी' पकड़ाई
विजय-गर्व से लेकर मैं भागा
सांस में वापस सांस थी आई ।

फ़िर मौसम ने गठरी खोली
आई होली आई होली
कोई लाया गोबर-कंडे
कोई सूखी लकड़ी-डंडे
सभी मुहल्ले वालों ने कर दिया जुगाड़
और 'पिलौट' में बन गया
होलिका-दहन को एक बड़ा पहाड़
इन्तज़ार बस हो गया अब्ब
घर घर में आये रंग-पिचकारी

वैज्जी के घर बन गये टेसू के दो टब्ब
मैंने भी भर लिए गुब्बारे
रंग गधैय्या के थे सारे
फ़िर चुपके से फ़ोड़ के आया
गली के बच्चों पे प्यारे
सेफ़-सुरक्षित समझ के ख़ुद को
आके छत पे रहा लुकाई
मस्त हुआ सा देख रहा था
गली में महिलाओं की टोली
गा गा के खेल रही थीं रंगभरी वो होली
तभी अचानक कनपटी पे
हुआ एक धमाका
चश्मा बचा गिरता गली में
लगा कि इक पल मूर्च्छा आई
संभल-पलट के देखा तो
गुट्टल भैया की सूरत नज़र आई
एक पल में समझ आ गया
बदला लेने को
भैया ने क्या जुगत लगाई
साथ हमारे 'उषा वाली' सुषमा आंटी के
घर के पिछली गली के दरवाज़े से
एंटर हो के दबे पाँव जीने से उनकी
छत पे आये
उनकी-हमारी छत की सांझी
दीवार पे चढ़ के मेरी रेंज में आये
पानी-भरा गुब्बारा दागा
वाह क्या निशाना लगाया

वो सटीक कनपटी पे लागा

करते करते बीत गए दिन
दशक साठ का ज्यूं ही भागा
सोये राम दशानन जागा
डूब गया मद-मच्छर में हर कोई
देख जानकी खूब सा रोई ।
'तुम शरणाई आया ठाकुर ....'
वाले भिक्षुक नहीं कहीं अब पाता हूं
अब 'वो' कहते हैं -
'हम शरणाई आया अब तू...
ठहर ! अभी तुझे बतलाता हूं'

कुछ भी कह लो दिन तो वो ही अच्छे थे
शुद्ध परिष्कृत था समाज जब हम छोटे बच्चे थे
सोच रहा हूं काहे को ये विकास हुआ
प्रेम धैर्य और सहिष्णुता
सबका सत्यानास हुआ
इस अन्धी दौड़ में हम सब पहला भूल गए
मानव के सब षट्चक्रों में चुभते जैसे शूल गए
भद्दे हो गये इन्द्रधनुष सब
कितने सुन्दर थे वो रंग,
अब तो जैसे भूल गए ।

सोच रहा था- "बाराही' में जन्म लिया
तो 'गंज-जवाहर' क्यूं कर आया !
ज्ञान हुआ तो चला पता कि

ये तो 'सोल-कनेक्शन' की माया है
'आत्मा' उसी 'सोल-ग्रुप' में जाती पहुंच
जिन आत्माओं से कोई पिछला
लेन-देन बकाया है ।
डोंट वरी ! चलता रहेगा ये लेन-देन
कहता नहीं मैं किसी तंज में
दूर हुए तो हुआ क्या
फ़िर से मिलेंगे उसी जवाहर गंज में
'उसी' जवाहर गंज में .....

निंदा-परनिंदा

अन्तःस्थापित हुई बुद्धि में,
ये पिछले कर्मों की छाया है !
प्रवृत्ति निंदा-परनिंदा की जन्म-जात है,
किसी को कोई शौक नही चर्राया है।

निंदा-परनिंदा मतलब;
'करना' और 'सुनना' भी,
औरों की बुराई पीठ-पीछे !
या करना दीप्तिमान,
उनकी कमियों या गलतियों को,
पहुंचाना उनकी प्रतिष्ठा को नुकसान !
मुंह पर 'कमेंट्स' करना भी है समान।

कारण इसके: नकारात्मक भावनायें;
मतभेद, आक्रोश, कॉम्पिटिशन, ईर्ष्यायें !
बहुत बड़ी ख़राबी ये जीवन की,
करे भयंकर हानि तन-मन-धन की,

ऐसी नकारात्मक सोच देती है प्रसाद;
चिंता,शर्म, उदासी और अवसाद,

रोग, क्षोभ, क्रोध, आक्रोश,
कमी पाचन की, नींद के विक्रोश,
निंदा-परनिंदा के हैं ये दुष्प्रभाव !
और अंत में; इम्यूनिटी का कुल अभाव !!!
मानो ना मानो; ये सब होता इसलिए;
कि आध्यात्मिक तौर पर
निंदित के सब बुरे कर्म,
आ जाते हैं निंदक के सिर द्वार,
और पड़ते हैं भोगने जन्म-जन्मांतर
बारंबार बारंबार।

और वैज्ञानिक तौर पर,
होते दोनों निंदक व निंदित पर हैं,
भयंकर शारीरिक प्रभाव;
स्ट्रैस हार्मोन्स कोर्टिसोल व एड्रेनालाईन बढ़ जाते हैं,
बढ़ता बी. पी. व हार्ट-रेट रुक नहीं पाते हैं,
बढ़ जाती है चेहरे, गर्दन, कंधे में मसल्स
टैंशन,
हो जाता है कम, सहानुभूति हार्मोन 'ऑक्सीटोसन'
हो जाता सक्रिय इमोशनल प्रोसेसिंग सेंटर 'अमिगडाला'
नीचे गिर जाता हार्मोन 'डोपामाइन' हैप्पीनैस वाला।
सारी अंतःस्रावित ग्रंथियों पर ये
क्या-कुछ असर दिखाते हैं;
हाइपोथैलेमिक-पिट्यूटरी-एड्रेनल एक्सिस-स्ट्रैस रिस्पांस
भी सक्रिय हो जाते हैं।

परनिंदा की आग में जलता है मन,

तनाव और चिंता का बोझ बढ़ता है।
कम होता है आत्मविश्वास, आत्मसम्मान भी,
परनिंदा की बातों में उलझता है जीवन का मान भी।

परनिंदा की बातें ज़हर के जैसी होती हैं,
आत्मा को मारती हैं, और जीवन को खोती हैं।
परनिंदा की आग में जलता है सपनों का घर,
परनिंदा की बातों में विध्वंस है होता,
अपने विश्वासों का सुन्दर नगर।

आत्म-मूल्य कम होता और
अकेलापन छा जाता है।
आत्म-विकास में बाधा पाकर,
लक्ष्यों की प्राप्त नहीं कर पाता है!
निर्णय-क्षमता कम होने से,
आत्म-सुधार न हो पाता है !
कार्य की गुणवत्ता कम हो जाती,
और वर्क-लाइफ़ बैलेंस न बन पाता है!
कार्यस्थल और रिश्तों में होता तनाव,
आ जाता सामाजिक अलगाव !
दोस्तों व परिवार का समर्थन घट जाता है,
नतीजतन होता प्रतिष्ठा को नुकसान !!
ऐसा व्यक्ति समाज में विषाक्तता फैलाता है।

कम करने को ये दुष्प्रभाव :
अभ्यास करें सहानुभूतिपूर्वक सुनने का,
हरेक बात पर रचनात्मक प्रतिक्रिया करने का !

किसी पर भी व्यक्तिगत हमलों से बचें,
"आप" के स्थान पर "मैं" कथनों का प्रयोग करें !
कुछ ब्रेक लें, विश्राम-तकनीकों का उपयोग करें,
हो सकती विनाशकारी निंदा-परनिंदा !!!
विनम्र, विशिष्ट व उत्तम फीडबैक का लक्ष्य रखें !
समझदारी से बुद्धि को विकसित करें।
रिसर्च बहुत हैं, करें आप भी ये अनुभावा,
रोग-दोष गायब हो जाते, ऐसा है मेरा दावा।

निंदा-परनिंदा से बचने के तरीके:
सबसे पहले;
निंदा से व करने वालों से दूर रहें !
स्वयं पर पूर्ण विश्वास रखें !
सोच रखें सकारात्मक, नकारात्मकता से बचें।
महत्व न दें औरों की राय को, अपने निर्णय आप करें।
बढ़ाएं आत्मसम्मान, स्वयं को महत्व दें।
तनाव घटायें; योग, ध्यान, व्यायाम कुछ अदद करें।
ख़ुद को सुधारें, औरों की भी मदद करें !
नियमित रूप से मंत्र जाप और ध्यान करें !
अपने विचारों और भावनाओं को संयमित रखें !!
दूसरों के प्रति सहानुभूति और समझदारी रखें !!!

परनिंदा के बारे में महात्मा गांधी ने भी कहा :
**"दूसरों की बुराई करने से पहले
अपने आप को देखो,
और अपने आप को सुधारो।"**

निंदा की आग में जलने से क्या मिलेगा?
परनिंदा की बातों में उलझने से क्या मिलेगा?
मैं अपने आप में रहता हूं,
अपने विश्वास पर चलता रहता हूं !
मैं अपने सपनों को पूरा करता हूं,
और अपने लक्ष्य पर पहुंचता हूं !
नकारात्मकता से बचता हूं,
बस अच्छे कर्म ही करता हूं।।

वैडिंग एन्निवर्सरी

"आप दोनों का प्रेम और भावनाएँ सदा शिव पार्वती की तरह अमर रहे
आप दोनों को दाम्पत्य जीवन के वर्षगांठ की हार्दिक शुभकामनाएँ
Happy marriage anniversary"

हूबहू हर साल की माफ़िक आज फ़िर,
मैसेज फ़िर ये हर तरफ़ से आया !
फ़िर इक बार मेरे मन-मयूर को,
माज़ी में ये तेज़ वेग से लेकर धाया।

ऐसा होता क्यूं है?
आज गहनतम सोचा तो पाया;
ये तो नियम प्राकृतिक है,
मैसेज जब भी, जो भी आया,
प्रकाश-वेग से क्षण भर में उसने
मन-तरंग को सम्बद्ध मूल तक जा पहुंचाया।
मैसेज 'इहलौकिक' हो तो लोक-मूल तक,
हो 'पारलौकिक' तो ब्रह्म-मूल तक,
ले जाता पल में, ये है कैसी माया !
समझ खपाई तो समझा ये अजब तमाशा;
'अवचेतन' में रहती छुपी अगणित,

जन्म सहस्रों की सब गाथा।
'अवचेतन मन' तो बस भरता जाता,
चलता जाता चलता जाता।
नैत्य निमित्तक स्वयं प्रकटायेगा;
कभी ना कर सकता कोई ये आशा।
हां बस जब कोई 'विचार' बन के इक मैसेज
'चेतन' मन से टकरायेगा,
टंकारित हो द्वार 'अवचेतन' का,
ब्रह्म-मूल तक खुलता जायेगा।

ना मानो तो सोच के देखो !
अपने हर मैसेज को फ़िर से खोल के देखो !!
सत्य पाओगे हर बार,
ये ईश्वरीय-माया-महिमा अपरम्पार।

वही हुआ फ़िर !
मन की उड़ान पर मैं भरमाया,
एनीवर्सरी का मैसेज आते ही
फ़्लैश बैक में जब मैं आया।

इन चालीस बरसों ने बहुत कुछ दिखा दिया,
फ़लसफ़ा इस जीवन का सारा सिखा दिया।
खट्टे, मीठे, तीखे अनुभव इस जीवन के भाग हैं,
मध्य इनके बनाना संतुलन,
शादी का अहम लक्ष्य, संयम और अनुराग हैं।
यही कहा आयुर्वेदिक ॠषियों ने भी,
छह प्रकार के रस या स्वाद,

मधुर, लवण, तीखा, कड़वा, कसैला, अम्लाद,
सभी हैं ज़रूरी उत्तम स्वास्थय के लिये,
वरना मरना है।
बस ध्यान ये रखना है, कब, कौन से और
कितने रस का आस्वादन करना है।

सात अरब की इस दुनिया में,
हर इन्सान विशिष्ट और अनन्य है।
एडजस्टमेंट करने वाला ही धन्य-धन्य है !
जो मिला वो ही ईश्वर प्रदत्त है,
उसे बदलने की कोशिश ना करना,
अपनी चलाने की नहीं ज़रूरत है !
एक दूसरे की सलाह से चलना,
विश्वास और रिस्पेक्ट एक दूसरे पे
बनाये रखना !
ठीक है एक दूसरे की कुछ बातों से
असहमत होना,
लेकिन इम्पोर्टेंट है, असहमति में भी,
निष्पक्ष और विनीत होना, क्रोध न करना।
आलोचना, छिद्रान्वेषण, निन्दा, तिरस्कार;
अनावश्यक हैं ये आत्म-रक्षा के हथियार !
ये हैं पांच बुमेरांग वैवाहिक जीवन के;
उल्टे आ पड़ते हैं खुद पर,
लेते हैं बदले गिन गिन के।
गलती इस जीवन में हर कोई करता है,
लर्न टू फॉरगिव, कुछ नहीं घिसता है !!!
देख के सामने वाले के परदे,

अपनी चादर फ़ाड़ ना लेना !
अपना झंडा जैसा भी हो, गाड़ ही लेना।

कम खाना ग़म खाना !
आज की बचत कल का सुख है !
घर सम्भालना ज़्यादा उन्मुख है।
करके नौकरियां घर फ़ैलाना,
तो दुःख ही दुःख है !
और ज़रूरी है;
उत्तम मित्र-ओ-रिश्तों का एक समूह,
गैरहाज़िरी जिसकी मतलब; जीवन दुरूह,
जियो जीवन प्रेम से सौहार्द से सब लोग !
साथ में हो कोई भी, या हो केवल डॉग !
धीरज, धर्म, मित्र अरु नारी,
ये सब पालन के अधिकारी।

शिव-पार्वती, सिया-राम सा है पुनीत,
बंधन विवाह का, करना ना तुम कोई भेद !
सोच-समझ कर जीवन जीना,
खेल समझ कर ना देना पल-भर में विच्छेद।

करो विवाह को अशर्त मैत्री सम्बद्ध,
ईश्वरीय प्रेममय प्रज्ञा-अनुभूति सम्बन्ध,
गृहस्थी बनाओ, संस्कारित परिवार बढ़ाओ,
या फ़िर ना कर परवाह किसी की;
करो जीवन को,
किसी विराट उद्देश्य से आबद्ध।

सौंदर्य बोध

बहुत अच्छी लगती है,
तुम्हारी हंसी !!!
मुखरस में डूबी,
चासनी में पगी सी,
मीठी कोकोनट बरफ़ी सी,
तुम की
धवल दंत पंक्ति !!

किन्नी उज्ज्वल किन्नी प्यारी,
वाह !
अतिसुंदर......
नक्की की, और
चिबुक के कंगूरे की
पहरेदारी में,
जैसे कोई
रंजनाओं की सेना,
या जैसे
क्वीन एलिज़ाबेथ के गले की
सुच्चे मोतियों की मुक्तावलि।

इसे धीमे से
कभी ना लेना।
देखोगे तो
देखते ही रह जाओगे,
न देख पाये तो
बहुत पछताओगे
फ़िर से कई जनम लेकर
बार-बार इस धरा पे
वापस आओगे।

मिल गई तो ठीक वरना,
अनन्त बार मर जाओगे
कभी मोक्ष नहीं पाओगे।
बहुत किस्मत से मिलती है
ऐसी मीठी हंसी,
ध्यान करते ही लगेगा;
बस अब
ईश्वर पा पाओगे,
मोक्ष पा जाओगे।

बहुत अच्छी लगती है
तुम्हारी हंसी !!!!!
क्योंकि
उसमें झलकती है
एक बहुत प्यारी
मीठी धवल दंत-पंक्ति
बहुत अच्छी लगती है।

सोचता हूं, और सब पूछते भी हैं;
कि इस सौंदर्य का राज़ क्या है !
'परम्' से जुड़ना, समभाव,
न्यूनतम जीवनशैली व न्यून
अपेक्षाओं के साथ
जो अकिंचन को गुरु ने दिया है।

दिव्य सौंदर्य की यह यात्रा है,
जो हमें आत्मा तक ले जाती है;
जहाँ से हम देख सकते हैं,
संसार की असली सुंदरता को।
इन सभी में परम् के नित-नवीन,
दिव्य सौंदर्य का वास,
जो करता हमें आकर्षित है,
और देता सम्मोहन सा आभास।

दिव्य सौंदर्य की यह अनुभूति है,
जो हमें जीवन की सच्ची सुंदरता दिखाती है,
और हमें यह एहसास कराती है,
कि सौंदर्य सिर्फ दिखावे में नहीं, बल्कि आत्मा में है।

दिव्य सौंदर्य की ओर बढ़ते रहें,
आत्मबोध में ख़ुद को खोजते रहें।

बादल आवारा लॉकडाउन के

प्रिडिक्शन थी;
'आयेगा इस बार तो समय से पहले मानसून',
खूब होगी बारिश, चलेगी ठंडी हवा,
प्यारे दिन आयेंगे,
पर तपती दोपहरी में जीवन की
कर रहा हूँ कब से,
उन सुनहरे दिनों का इन्तज़ार, पी पी के ख़ून।

घूम रहे हैं आसमान में, आवारा गरीब बादल,
नहीं है एक बूंद भी पानी जेब में जिनकी,
चल कर आये हैं दूर हज़ारों मीलों से,
महामारी में पलायित लाखों मज़दूरों सी हालत उनकी ,
बिलबिलाते भटक रहे हैं जलते आसमान में,
क्योंकि घर नहीं है, ठौर नहीं है,
और नहीं है देने के लिये किराया 'मालिक' को,

अब बादल भी किरायेदार हैं इस जहां में,
जेब में चाहे एक बूंद रुपया भी न हो,
पर किराया दिये बगैर रह नहीं सकते घर में,
बिलबिलाते रहें, भटकते रहें जलते आसमान में,

न कुछ ले सकते हैं, न कुछ दे सकते हैं,
क्योंकि इस काबिल बनाया ही नहीं, 'भगवान' ने,

अबकी तो 'समुद्र' ने भी दिया नहीं 'एक बूंद भी पानी' !
देते रहे, तो रास्ते भर के 'ताल-तलैया' कुछ कुछ बूँदें,
तो उन बूंदों से बुझाऊं प्यास अपनी ?
करूं कुछ 'पानी' आत्मसात !
या कहां से करूं ठंडी बरसात ?

अपनी औकात पे इतना ना वहम कर !
ओ दाता !
हो सके तो हमारे हालात पे इतना तो रहम कर !!
थोड़ा तो बरस जायें,
ठंडी हवा खायें और खिला जायें,
या दे दे हमें भी एक 'समुद्र' ।

इस जलते, तपते, तड़पते आसमान में,
कब आयेंगे ठंडे दिन !!
जब मिलेगा हमें भी 'समुद्र' से अपनी मेहनत का,
'अपना' भरपूर जल !!!
कब बनेंगे हम 'आत्मनिर्भर',
और बरसाते चले जायेंगे ठंडी फुहार,
या यूं ही गुज़र जायेगा मानसून जीवन भर,
कोरी प्रिडिक्शन्स की झुठलाइयों पर।